鷲田小彌太

新 大学教授に なる方法

ダイヤモンド社

新・大学教授になる方法

まえがき

21世紀。どちらを向いても暗い予想ばかり。大学もまた例外ではない。「大氷河期」である。大学教授は受難期に入った。教授の数は飽和状態である。リストラこそが待っている。こういわれてすでにひさしい。しかし、である。

アメリカの大学は、日本以上に財政がきびしい。教授の職を得るのははるかに困難である。競争が激しく、待遇が悪い。こういう状態がずーっと続いている。ところが、大学への期待、大学・大学院進学熱、大学教授職への挑戦は、少しも衰えていないのである。否、ますます高まっているといっていい。

日本の大学はまだまだこれからである。新しい教員の才能をこそ必要としている。しかも多方面にわたる膨大な数の才能である。日本の大学をアメリカ並みにするためだけでも、現在の倍以上の大学教員数が必要なのだ。これが本書でわたしが伝えたい第一のことである。

なぜアメリカでは、競争が激しく、待遇が悪い大学教授職に多くの才能が挑戦するのだろうか? 一つは、誇りをもつ生き方ができる。二つに、より自由な生き方が可能になる。これが私の見るところである。

「誇り」と「自由」を、アメリカの教授たちは、ごく単純に、ステイタスが高い仕事と拘束のない長期休暇である、という。わたしが『大学教授になる方法』で述べたのもまさにこのことであった。伝えて、再確認したい第二のことである。

誇りをもって自由に生きる生き方は、大学教授に許されているだけではない。21世紀に多くの人がめざす生き方のモデルではないだろうか？ それに全力をあげて挑戦する価値のある仕事＝人生、つまりはハウ・ツー・ライフワークではないだろうか？ 大学教授になることが、その研究的生活が、特殊な部門の風変わりな生き方ではなく、21世紀にこそふさわしい万人の生き方である。これが伝えたい第三のことだ。

『大学教授になる方法』を書いて10年。旧著は予想をはるかにこえた多くの読者を獲得することができた。まだ相応に売れている。幸運であった。

しかし、この10年である。日本は大激変した。根本から書き直す必要に迫られたのである。したがって、本書は「新」がついているが、旧著の焼き直しではない。まったくの新著である。さらに、アメリカの諸大学の現地取材によって、本書の新しい主張を固めることができた。幸運であった。

本書は、雑誌『エクゼクティブ』での長期連載期間、アメリカ取材、そして、本書の編集と、寄り添うようにつきあい、多くの示唆と助力を惜しまなかった編集部の砂田潤一さんなしにはできあがらなかった。記して謝意を表したい。ありがとう。砂田さんと会えて、幸運であった。

なお、本書は雑誌連載稿をもとにしているが、内容・構成・データともに徹底的に更新してある。新稿と思ってもらっていい。

2001年11月3日　初雪を待つ表情の馬追山から

鷲田小彌太

目次——新・大学教授になる方法

II 大学教授への道(ステップ)――必勝法と裏技

Ⅲ 大学という就職先——雇用市場と大学改革

Ⅳ　サラリーマンから教授へ――事例研究　Q＆A

第19章 読者から熱い質問が大挙到着！ 大学教授になる諸「困難」の質問に答える …218

対談 〝師弟対談〟で検証する「サラリーマンが大学教員になる方法」 233

V 元気のいいアメリカの教授に学べ——現地取材

『大学教授になる方法』を読んで大学教授になることができた

1997年11月のはじめ、ずしりと重い封書が届きました。ワープロできちっと打ち込まれたもので、400字詰め原稿用紙にすると優に30枚をこえる分量になるでしょう（以下は、そのなかからの引用です）。

※　　　　　　※

はじめてお便りします。私、S県立女子短期大学講師（B研究室）のMHと申します。

私は、先生（鷲田）の著書『大学教授になる方法』、『同実践編』を読みまして大学教授になったものですから、お礼の意味もこめて、その経緯を報告いたしたく思い、今日お手紙を書きました。

『実践編』の冒頭の所に「この本を読んで大学教授になる人がいたら、逆立ちして歩く」という人の見解が紹介されていました。もしかすると、私が大学教員になった経緯は、その方に逆立ちして歩いてもらうことができるのではと思い、ペンをとった次第です（まだ教授ではありませんが順調にいけばなれるはずです）。

私は実際、偏差値でいえば50前後の人間です。60はないでしょう。先生のおっしゃる肯定的モラトリアム的側面が非常に強い人間だと思います。『大学教授になる方法』に書かれていた対象としてきっちり当てはまると思います。さらに『大学教授になる方法』が、決定的に大学教員としての方向を導いたと確信しているのです。以下、お暇つぶしにでも読んでいただけましたら幸いです。

※　　　※

▼ケチとかギャグとかいわれて

ものを書いていて、こういう手紙ほどうれしいものはありません。MHさんのケースについては、いずれ後に詳しく紹介しますが、『大学教授になる方法』は大学教授の間では話題にすらならない本ですから、なおのことうれしいものです。

この本が出たのが91年1月です。それから数百通の手紙をいただきましたが、そのほとんどは、例えば、「27歳のOLですが、会社を辞めて何かにチャレンジしようと思いますが、私でも大学教授になれますか。もしなれるとしたら、どういう方法がありますか」というようなもので占められています。

なんだか、「お前の本を読んだが、あれこれあってよくわからないので、かいつまんで私の質問に答えてほしい」というような、省エネ思考と思いませんか。

この手の人がまじめであることを私は疑いませんが、そのまじめさは、自分が質問している意味がわかっていないからこそ、そういえる質のものではないでしょうか。

同じような質問は、直接電話でもきます。そうした電話に「私の本をよく読んでみてください。あなたの質問に対する答えはきちんと書かれているはずです」と答えると、「せっかく電話で聞いているのに、どうして答えられないのですか」と堂々という人もいます。ケチ、といわんばかりです。でも、どちらがケチなのでしょう。情報や技術は、決してタダではありません。タダでないからこそ、情報や技術をサービスして代価を取るからこそ、大学教師という職業が成り立つのでしょう。

私の本をある種のギャグだと受け取った方も大勢います。ギャグの意味がわかるはずの塩田丸男さんでさえ、ワイドショーで、「鷲田はまじめな本を書く人だと思ったが……」というような紹介をしたほどです。このとき、私は偶然大阪に出張していて、ホテルのロビーで支払いをしていて、背後から「鷲田の……」というTVの声が聞こえてきたので、びっくりしたのを生々しく覚えています。

『大学教授になる方法』は大学教師、あるいは、大学の楽屋裏の開陳でもあります。現職の教師（である鷲田）が、未公開の自分たちの楽屋裏をあれこれ見せようとするのですから、ギャグという形式を取り入れないと、しんどい、というのが私のせっぱ詰まった想いでした。それでも、筒井康隆さんの『文学部唯野教授』よりはよほどまともだと思ったのですが、どうでしょう。

ＭＨさんが紹介している「逆立ちして歩く」といわれた方は、確か早稲田大学の吉村作治（当時助教授）さんではなかったでしょうか。その後、吉村さんとは二度ほどお会いしましたが、もちろん、「さあ、逆立ちしてみい」などというような失礼はいたしておりません。

吉村さんは、「根」がまじめな人ですから、大学教授をおちょくるような本は許せなかったのかもしれません。ただ、吉村さんも「教授」になられたそうですから、今度お会いする機会があったら、もう一度心おきなくギャグかましてみようか、などと思っています。

▼大学が変わる最善の方法は教師が変わること

私が『大学教授になる方法』を書いた時期からみても、日本の大学はずいぶん変わりました。この点も、おいおい紹介したいと思います。

「何をいうか！　大学は根本的に何も変わっていない」という言い方も可能ですが、「根本的に」を持ちだすと、すべてが変わらない、ということになりかねません。大げさにいえば、明治維新も徳川幕府が薩長政府にかわっただけだ、第二次大戦敗戦も皇軍から米軍にかわっただけだ、という言い方です。

もちろん、私は、大学は根本的に変わるべきだ、変わらないと日本は変わらない、というささかの危機意識をもっています。しかし、制度が変わらなくても、変わらない前でも、教師一人ひとりが変身をとげることができる、というのが私の信条です。近代哲学の父といわれるデカルトは理想主義者でしたが、一方では、理想が実現するまでどうするか、ということを真剣に考えた人です。彼の信条も、まわりが変わるよりも、まず自分を変えることを先にしなさい、その方法を確立しなさい、というものです。

それで、大学が変わる最善の方法は、大学と教師が変わることを望む大学教師の予備軍の量的拡大と質的向上にある、というのが私の意見です。この場合も、制度が変わるのではなく、まず教師が変わるというのが原則です。

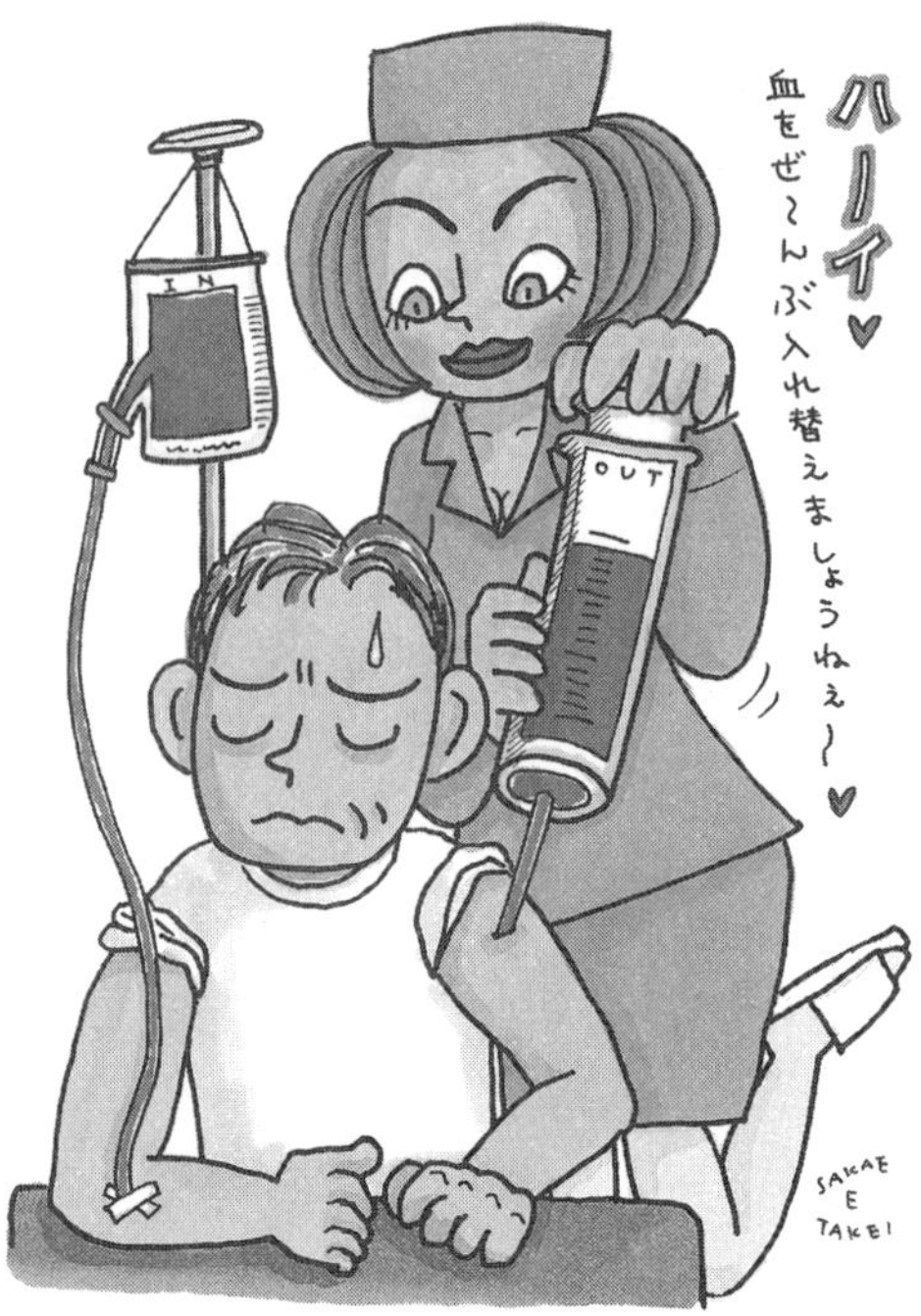
ハーイ♥
血をぜ〜んぶ入れ替えましょうねぇ〜♥
IN
OUT
SAKAE E TAKEI

日本の大学教師の質は、欧米と比べると比較にならないほど低い、という言い方が定着しています。たしかに大学教育の質は、総じて低いかもしれません。しかし、教師個々の潜在能力は他国と比較して低いわけでも、劣悪なわけでもありません。問題は、教師が自分の能力を全開にしなくても、教師としての日々を過ごしてゆけるところにあります。学生の大半にも、教師に能力全開で当たられると、迷惑ダー、という雰囲気が蔓延していますね。

まあ、そういう「惰眠」状態、「半睡」状態でも、日本という国は「繁栄」を続けてこられたのですから、反面では、恐れ入るほかありません。

でも、世界のマーケットが一つになり、ものも、人も、情報も出入り自由となったこのボーダレス時代、旧来のままでは「仮死」状態に陥る危険があります。その危険は、金融部門ではすでにいくつかの症例を生みだしています。もちろん、マーケットには、労働力市場も含まれています。

広くいえば「学問」をこととする、現代的に分節化していえば、知識や技術や情報を操作・伝達する大学教師こそは、ボーダレス社会でもっとも大きな変動の波を被る職種といってもいいでしょう。米国の大学で米国人が教えなければならない理由がないように、日本の大学で日本人が教えなければならない理由は、どんどん稀薄になっていきます。

しかし、だからこそ、これから新たにこの職種に挑戦するチャンスも、成功のチャンスも増大しているといえるのではないでしょうか。大学教師のマーケットが、日本大から世界大に拡がった、と考えていいからです。

大学教授のマーケットはあいかわらず有望だ

現在、大学の常勤教員数は17万人をこえました。高校の教員数が2001年度で26万人強だから、決して半端な数ではありません。大学教員は1960年代後半から「大衆化」し、1970年度には9万人をこし、1980年度に12万人に迫り、現在に至っています。その増大の勢いはとどまっておらず、あいかわらず有望な職業の一つです。

もっとも少子化傾向が進み、2009年には18歳人口が120万人となり、大学進学希望者の数が激減し、大学の整理統合が進み、教員の大幅削減がある、というきわめて現実性の高い予測があります。つまり、大学教師は危険な職業だ、ということですね。

私は、この予測を否定はしません。しかし、悲観はしません。反対に、歓迎します。というのも、「大学の危機」といわれているものは、大学が水膨れ状態に膨れ上がって、糖尿病状態になり、根本的治療なしにはその存亡が問われる、ということを意味するからです。食事をはじめ生活全般を変えなければ、糖尿病から逃れることはできません。旧来の生活条件の大幅削減が不可

大学等と高校の教員数の推移

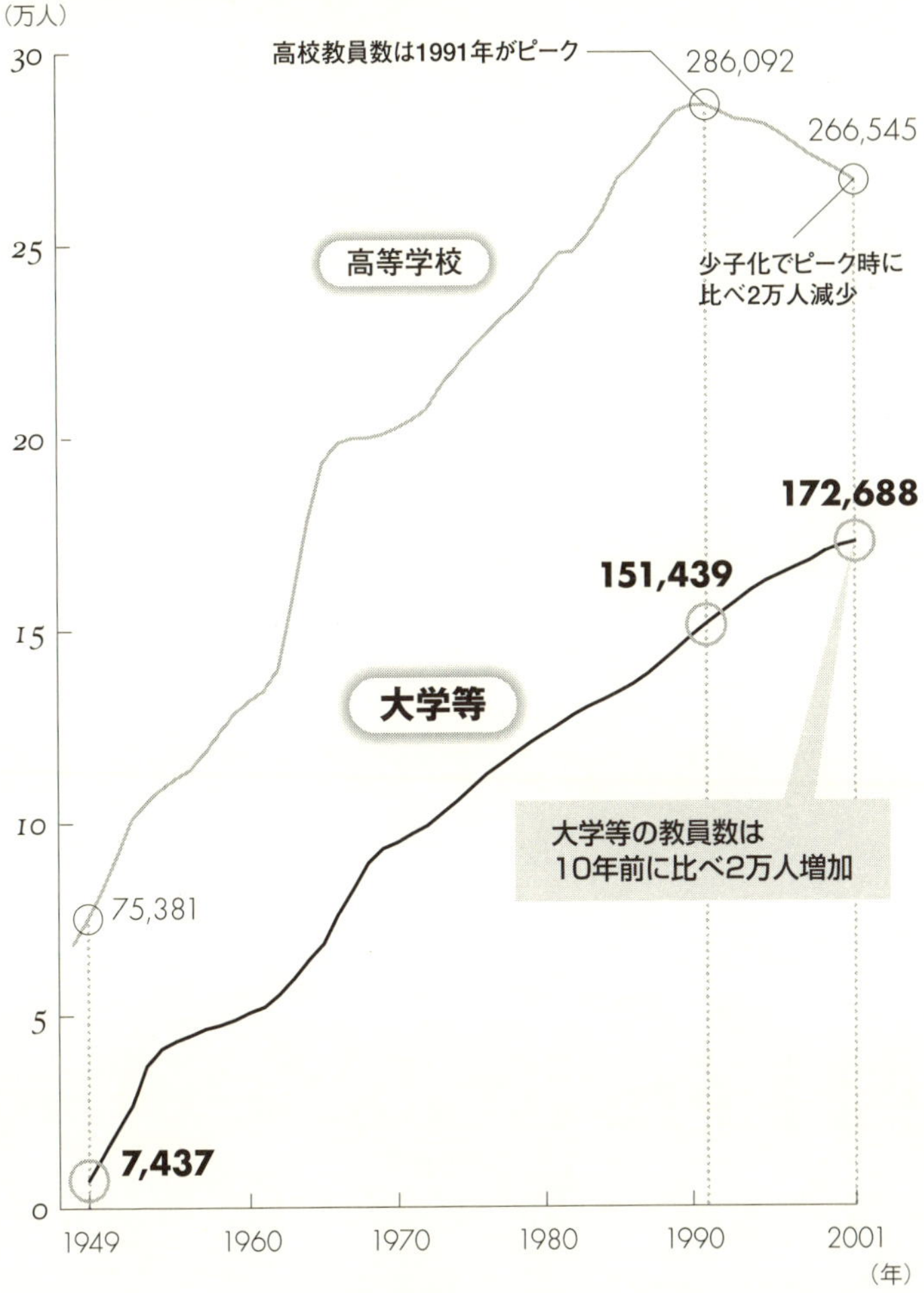

※本務教員
※「大学等」は、大学（学部、大学院など）、短大、高専の計
※データ:学校基本調査

欠です。できれば、まったく新しい体質に変わらなければ駄目ですね。まずは、新しい血の注入が必要です。新規採用枠の拡大が必至なのです。

新しい大学は、古い大学のよさを受け継ぎながら、新しい人たちの手で再建されなければなりません。「創建」というほどの気概が必要かもしれません。そのための道案内をかってでましたが、私も老骨に鞭打ってあなた方と同じ道を歩けたら、と意を新たにしたところです。

I

大学教授のおいしい生活

──その魅力と誤解

第1章

最初に間違わないために、ご注意！　ご注意！

人生は誰にとっても試行錯誤です。誤りは誰にでもあります。しかし、道を誤るのにも内容いかんや程度の問題があります。少しだけ注意すればしなくてもいい徒労がありますし、ちょっと方向を間違ってしまったため、修正不能な結果に陥る場合があります。それで最初に、大学教授になるために、おかしてはならない誤解や間違いについてお話ししてみましょう。

1　教育と研究は「頭の良さ」で決まらない――

清水幾太郎は「文章の良し悪しはもって生まれたものだ」といいました。天分ですね。「頭の良さ」も天分といっていいでしょう。わずかな時間でのみこんで、てきぱきと仕事をし、仕上げもすばらしい、という人がいます。まったく逆に、理解が遅く、仕事がのろく、仕上がりも悪い、という人がいます。

しかし、大学教授にとって「頭の良さ」は必要条件ではない、と私は強くいってきました。理由はいくつかあります。

一、現に、大学教授の大部分は、頭が悪いからです。

これは想像を絶します。もちろん、大学教授になったため、頭が悪くなった、ということもあるでしょう。腐ったのですね。しかし、頭の十分に悪い人が大学教授になった、としか思えない人が多いのです。多いというのは過半数ということです。10人中2、3人というのではありません。

二、「頭の良さ」は、よき大学教授になることを妨げる因子でもあるからです。

頭が良くて立派な大学教授はいます。しかし、稀です。頭が良いのが10人に2人として、その1割くらいですから、全体の2%程度とみていいでしょう。

例えば、頭の悪い者に勉強が必要なのであって、東大出はいまさら勉強などする必要はない、と言い放つ人がいます。言い放たないまでも、態度で示す人がいます。もちろん、頭の良い人は学問に打ち込めばそれなりの成果をあげることのできる人たちでしょう。しかし、頭のいい、とりわけ、要領のいい人は、ゴール「地点」が見えない競争には挑戦しないものなのです。無駄に終わる危険をあえておかさない習性ができあがっているからでしょう。ところが、学問というものは、ゴールのないコースを走ることなのですね。

三、大学教授に必要なのは「ステッディ」（着実さ）だからです。

研究や教育は、昨日今日ガンガン頑張ったから、成果が見込める、というものではありません。どんなに独創的なひらめき（アイディア）が生まれたとしても、それを形あるものにするためには、暇と手間、時間がかかります。ステッディとは、ステップ・バイ・ステップ、デイ・バイ・デイで、これは大学であろうが企業であろうが、同じことです。

四、大学教授に最適格な人は、ごく単純にいうと、「自分で調べることが好きな人」と「教えることが好きな人」と考えるからです。

「調査」と「教育」と短くいうと、イメージどおりではありません。「探求」と「共育」でしょうか。自分が求め、ともども学ぶ、という心性に乏しい人には、大学教授は似合わないのではないでしょうか。この心性には、特に頭の良さは必要ではありません。

2 大学と高校とはここが違う

大学と高校は、もちろん、共通点があります。しかし、ここが違うのだ、ということを了解しておかないと、とんだ失敗をおかしてしまうでしょう。

一、発生(成立)が違います。

大学は、はじめから、国際的です。「学問」とは英語でいうと「sciences」です。万国共通のものをめざします。大学が、福沢諭吉の慶應義塾のように私的成り立ちであろうが、東京帝大のように国家的・民族的な成り立ちであろうが、シカゴ大学のように企業的成り立ちであろうが、オックスフォード大学のように宗教的成り立ちであろうが、研究と教育内容には「国境」や「宗派」はない、という「前提」に立っています。

これに対して、高校までの教育(研究)は、基本的には、民族《ネイション》教育です。立派な国家市民《ネーイション》をつくるための教育です。

二、大学に「共通」教科書はありません。

ところが、万国共通な学問をめざす大学には、「共通」の教科書はありません。学問は「共通なもの」（普遍）をめざしますが、「絶対不変な真理」は存在しない、という前提に立ちます。教育研究者自身が「普遍」をめざして研鑽した結果が大学の「教科書」になるのであって、あらかじめ、間違いのない一様の教科書など存在しないということです。だからこそ、大学教授は、探究をやめるわけにはゆかないのですね。自分で教科書を書かなくてはならないのです。

高校までについては、特にいわなくてもいいでしょう。共通の教科書（学科）をきちっと習得すること、教授することがあくまでも基本です。

三、大学生は「大人」として遇されます。

現在は少し事情が異なりますが、１９６０年代までは、京都大学の学生は、「旦那」扱いされました。ジェントルマンです。そこまではゆかなくとも、私（大阪大学）でさえ、商都にふさわしく貧乏人とはみなされましたが、「大人」としては扱ってくれました。

したがって、学ぶも学ばないも、本人次第です。責任も、あげて本人にやってきます。同じことは、大学教授にもいえます。どれだけ研究（教育）に手を抜いても、授業（時間）さえこなしていれば、特にお咎めはありません。しかし、報いはあります。研究教育能力がどんどん減価します。使いものにならなくなります。

高校までは、生徒は「子ども」扱いで、先生には明確なノルマがあります。したがって、大学教授になるのは「難しい」が、なったら楽チン、高校教師は、なるのは「やさしい」が、なってからがつらい、ということになります（もっとも、少子化で高校教師になるのも難しくなっていますが）。

ところが、恐ろしいことに、大学生も大学教授も「大人」（自立自存）という自覚も、取り扱いもなくなりつつあるのです。学ばない学生は卒業させるな、研究教育しない教授は契約解除せよ、という当たり前の要求が出てくるようになったのです。まあ、自業自得でしょうが。

3 専門と教養はここが違う

大学には、専門科目と教養（一般教育）科目があります。教養科目は高校までの学科の延長線上にある、と考えても間違いないと思います。しかし、そこから誤解が生まれます。

一、大学は、もっぱら「専門」を教えるべきである、高校までの延長の「教養」は必要でなく、つまらない、という意見です。

それに、大学教授になるための要件は、「専門」（学術論文）をもつことであって、教養いかんはほとんど問題にならない、という事情もあります。しかし、現在、学部の4年間で教えているのは「専門」というよりは、高度な教養といった程度のものです。専門は、大学院で、というのが通常になっています。特に理科系はそうです。

むしろ、日本の大学も、アメリカのように、学部は、高度一般教育（教養）を研究教育する場である、と明確に再定義する必要があるのではないでしょうか。

それに、大学教員採用条件は、学術論文（ペーパー）一本槍から、一芸の人、マルチ才能の人、実業の人というように多様な選択肢になってきました。

二、専門は役に立つが、教養は「無駄」だ、娯楽だ、暇つぶしの類だ、という意見です。

数年前、東北大学の医学部の懇談会で、教養課程の問題について講演したことがあります。ちょうど、東北大学医学部で教養科目を全廃したときに当たっていました。講演が終わった後、一人の学生から質問がありました。国家試験には「教養問題」もでる。その対策はどうしたらいいのか、というのです。教養科目は、試験に役立つ程度のことにすぎない、と考えられているのですね。それに対して、教授のほうは、学生の意識のレベルが低くてどうにもなりません、ということでした。

しかし、教養がなければ、国際社会では生きてゆけません。ビジネス社会で迷子になります。ビジネスマンたちが猛烈に学びだしたのは、「専門」にかかわる特殊技能もさることながら、世間通、人間通にかかわることなのです。生き方、仕事の意味、世界の常識、等々です。これは、高校まででは教わりません。

三、専門は難しい、教養はやさしい、という誤解です。

実際、学生は教養科目の授業を、ぼーっと聞いています（いるようです）。単位をとるためには仕方ない、授業にでなくても単位さえくれたらいい、というのがほとんどではないでしょうか。教員のほうも、自分の専門領域を薄めた程度の内容を教授することでお茶を濁しています。

しかし、教養とは「万人」がその時代に共通に必要とする知識や技術の総体である、とするなら、それをたとえ上っ面でさえ習得することは簡単ではない、ということは明らかでしょう。さらに、教養を教えるということは、とてつもない知力と労力を必要としますね。

地域の一般教育学会で発表したとき、教養教育の必要性を力説しました。その折、「鷲田さんのいう教養をもし教えるとしたら、よほどの天才でないと無理ではないでしょうか」と質問されました。そのとおりです。教養は、広がりもあり奥行きも深いのです。それを的確に研究し、教育する教員は、まったく稀でしょう。私は、教養は自力で積むにしくはないと考えていますが、高度教養を教育する教員を養成する高度教養大学院が必要だと提案しています。

これに対して、専門には専門特有の難しさはあります。しかし、研究対象も比較して狭く、的を絞りやすいし、研究方法も蓄積があります。だから、教育も容易だし、研究成果もあげやすい、ということでしょう。

四、高度知識技術時代、専門の、基礎的あるいは最先端の研究教育がますます必要になっている、という主張です。

高度知識技術時代は、高スピードの時代です。昨日有効だった知識や技術が、今日無効になるなどは日常茶飯事です。一生、一系列の知識や技術を抱いて研究教育に励むことのできる時代ではないのです。

時代の変化とスピードを十分に考慮に入れて生きるためには、専門を含むかなり広い学際的あるいは超学的思考や知識が必要になります。つまりは、高度な教養です。モデルをといえば、「立花隆」のような知的あり方です。

第2章 大学教授になろうとする動機を点検してみよう

動機が立派だからといって、いい行為、いい仕事、いい結果が生まれるわけではありません。でも、動機はいいにこしたことはない、と考える人もいるでしょう。ところがそうはいかない場合が多いのです。

例えば、社会は「公平」であるべきだ、と考えて、公平でない人や団体を撲滅するような行為にでる、というとんだ正義の士はいるのです。大迷惑でしょう。「道徳が乱れると議論が高くなる」といったのは伊藤仁斎でしたが、格調が高すぎて腰砕け、という結果になるのは稀ではないのです。

とりあえず、私は、動機はどうでもいい、比較的いい結果が出るにはどうしたらいいのか、という立場から、大学教授になる動機を考えてみようと思います。大学教授を特別の職業ではなく、知的職業のうちの一つ、ワン・ノブ・ゼムと考えて、それをゲットするための動機いかんということです。

1［積極的動機］

好きだからなる、だがつらい

最近の若者は「理想」がない、という言われ方をします。しかし、理想がないというよりは、理想を大声で語ることが気恥ずかしいという場合が多いのです。これは若者ばかりか、日本を覆っている一般的空気でしょう。

理想は、実現しないからこそ、理想でした。どんなに真剣に、大声で叫んでも、どうせ実現しそうにもない、若気の至りのようなものだ、というのであれば、むしろ、ずいぶん気が楽だったのではないでしょうか。

ところが、現在、望んだ目的を達成するチャンスがずーっと多くなっているのです。そんなことはない、逆ではないか、現在は、すべて行く先は決まっている、レールは敷かれている、夢などもちようがない、という反論が返ってくるでしょう。逆の意味で、然りです。レールをどんどん進むと、目的に達する仕掛けになっているからです。しかも、レールは無数にあります。到達しそうにない目的が見いだしにくくなったから、理想、をいわなくなったのではないでしょうか。

大学教授も同じでしょう。かつて、大学教授は、例外者の特別なシートでした。「象牙の塔」に住む、不可思議な住人でした。でも、現在、石を蹴ったら大学教授に当たるほどの、ごく普通の職業の一つです。といっても、昔も今も、大学教授のやることはそんなに変わっていません。

大学教授の最大の「任務」は、研究と教育です。大別すれば、研究が主たる任務の人と、教育が主たる任務の人がいますが、内容はいずれも「学問」です。

学問が好きで好きでたまらない、その学問を心おきなく追究できる大学教授になりたい、そのために努力も苦労も厭わない、こういう正攻法の人はいいですね。その学問が社会に役立つかどうかは第二義的だ、とにかく学問をするのが好きだ、学問のための学問、誰がなんといおうとこれでゆく、という人はすばらしいですね。こういう人を、志の高い大学教授といいます。でも、学問が好きだ、でゆく人は思われているほど多くはありません。

「初心忘るべからず」（世阿弥）というでしょう。どんなことであれ、好きだ、という感情は、時がたつと色あせてきます。しかし、初心（動機）を忘れる恐ろしさは、少しばかり上達し、世にちやほやされるとき、初心者のときの学芸の下手さ加減を忘れ、精進を怠ることから生じます。学芸の進歩がやむということです。進歩が止まると、好きだったものも大嫌いに変じる、というのが人間の一般的心性なのです。好きでなったのに、見るのも嫌、というのはつらいですよ。

2［消極的動機］ビジネスの世界が嫌い、は割と気楽

大学教授を選ぶ人の大多数は、ストレートの人も、途中転入組も、ビジネス本位、組織本位の世界が自分に向かない、趣味本位、自分本位の性格である、と自己判断しています。社会を動か

す中心世界から、大なり小なり背を向けた人ですね。

教育と研究に一生を捧げる、という初心も、学問が好きで好きでたまらない、という執着心も特別持ちあわせていないが、学ぶことも、教えることも「嫌いではない」、ビジネス世界で働くより自由があっていい、という消極的動機で大学教授を選択するのですね。

まあ、志が低いといったら、そのとおりでしょう。でも、こういう動機は、非難に当たらないのではないでしょうか。むしろ、気楽に（安易にとは違います）、自分に与えられた研究課題をこなし、与えられたポストを選ばず、その時、その場で、それなりに頑張ると、予想以上の成果をあげる、という結果が生まれるものなのです。

研究と教育には時間と手間がかかります。心の余裕なしには、ちょっとした成果をもたらすとも難しい。能力があっても、持続力のない人には困難です。それも、ガン、ガン、ガン、と三段ロケットで飛躍する人よりも、一段一段、着実にのぼってゆく人のほうが、成功率は高いのです。

現在、日本の大多数の大学には、競争原理がありません。昇格はあっても、降格は絶無に近い確率でしかありません。終身雇用制で身分保障があります。ポストも動きません。自分のしたいことを、というよりは、自分ができることを心おきなくすることができるところです。もちろん、学問に限ってですよ。

私が出会った大学教授志望者の全部が、この消極的動機の持ち主でした。本人たちは、学問が好きだ、教えるのが好きだ、といいますが、並のもので、他と比較すると好きだ、ということでした。一日8時間、一年300日くらいは、教育研究に費やす、などという人にはほとんど出会わなかったですね。

もちろん、私も消極的理由で大学教授の道を選びました。でも面白いもので、ある程度学んでみると、学ぶことが好きなのか、嫌いなのか、がわかります。最初から、学ぶのが好きで好きでたまらない、などという人は稀なのです。

自分の好きなものを学ぶのには、苦労はいりません。黙っていてもやってしまっています。ところが、自分が本当に「好きなもの」を発見するのが難しいのですね。時間がかかるのです。相当に打ち込んでみて、はじめてわかるわけです。

だから、大学教授予備軍や志願者のときは、おおむね、暫定的動機で進むしかありません。相対的、消極的動機ですね。それでいいのです。

3 〔初志貫徹組〕

なれなかった人は1割に満たない

どういう動機にしろ、大学教授になりたい、なってみたい、という人がいます。でもチャンスがやってこない。

20代なら、まだ我慢できます。余裕があります。大学とも直接間接に関係が深いでしょう。逆に、切迫感がないから、キョロキョロばかりで、手を抜くことが多くなるのではないでしょうか。

30代、友人が就職してガンガンやっているとき、定職もなく毎日を過ごすのは、意外とつらいものです。そういうとき、最大の頼りになるのは、研究業績です。それに、恩師の教授や先輩友人等の縁故です。情報です。研究業績は、時間がたてば、手を抜かないかぎり、蓄積されてゆきます。30代で頑張るかどうかで、その後の学問の力の大きさがだいたい決まる、といっていいでしょう。頑張りがいがありますよ。

ところが、教授や先輩友人の縁故や情報は、時がたつにつれ薄くなり、途絶えがちになります。でも、現在は、インターネットで、各大学の教員公募状況が一目でわかりますから、この点はずいぶんと改善されたのではないでしょうか。

40代になると、本当につらい。何もかも放り出したくなります。収入なしにやってゆくわけにはゆきませんから、職をもたざるをえません。必然的に、研究のための時間がなくなります。家族をもつと、研究費もままならなくなります。こういう人を私は少なからず知っています。

しかし、何がいちばんつらいといって、研究職を得る期限がわかっていないことです。いつまで待てばいいのか、という確実な当てがないことです。何度も途中放棄したくなるのではないでしょうか。この時代、へこたれないで研究を続け、あるいは、非常勤でしのぎ、大学や友人とも関係を保つ工夫をするかどうか、がチャンスにつながります。

50代、定職がないと悲惨に見えるかもしれません。でも、ここまで頑張った人は、たとえ定職がなくとも、もう立派な研究者です。大学人より数段上の学者になっている人が多い、というのが私の経験則です。

そして、最後にいいたいのは、50代まで、倦まず弛まず努力してきた人で、大学に職を得ることができなかった人は稀である、ということです。そして、この人たちには、その後の決して短くない収穫の時代が待っているのです。黄金の老年時代です。

4 ［転向組］どう転んでも、勉強は無駄にならない

この10年、官庁や企業を定年退職した人ばかりでなく、若い社会人が大学教授に「転向」するケースが目立ってきました。この傾向はますます大きくなるでしょう。私のところに手紙等で相談にくる人のほとんどが、社会人の転向志望組です。

私は、官界やビジネス世界の第一線で活躍し、そこから得た知識や技術をもとに、学問の世界、研究と教育の世界へ切り込もうという人はすばらしいと思います。たいていは、安定した地位と余裕のある時間を、と大学に職を求める人たちなのですが、どういう動機であれ、どんどんそういう人が増えたらいい、というのが私の願いでもあります。それに、転向志望組が、たとえ大学に職を得ることができなかった場合でも、そのために払った労力と費用は、その間に学んだ知識や技術で補ってあまりあるのではないでしょうか。もちろん、学ぶ喜びを知るという副産物もあ

ります ね。学ぶ喜びは、老年時代の最大の生きる力になります。

これからの大学は、社会一般で通用しているルールと可能なかぎり合致点、接点をもつやり方で進まなければなりません。社会人の大学参入はそのための大きな力になるのです。大学は、転向組を待っているのです。

第3章

大学教授の〝おいしい生活〟の実態は？

大学改革は、大学教授の〝おいしい生活〟を台無しにする

外側から見ると、大学教授ほどおいしそうな生活はないのではないでしょうか。権利はたくさんあります。義務は数えるほどしかありません。ところが、このところの大学改革の波は、大学教授の既得権をつぎつぎに奪っていきそうな勢いなのです。

大学改革を正面から否定する人は少数です。しかし、現役の教授たちの大多数は、大学は変わってほしくない、と内心では思っているでしょうね。こんな理由からです。

●理由1● 教育サービスの徹底化

現在の大学改革の主眼は、学生（ユーザー）への教育サービスの充実にあります。

古いノートを棒読みする教師はほとんどいなくなりました。

以前のように、開始10分遅れ、終了10分早いなどという講義風景はほとんどなくなりました。

休講が少なくなり、補講が徹底化されるようになりました。

どの大学でも、少人数のゼミ形式を1年次から採用するようになっています。

追試験、再試験、再々試験というように何度もリターンマッチが制度的に可能になり、試験の点数を再審査請求する権利も学生に与えられています。留年は、よほどの怠慢がないかぎり難しくなっています。

それに、D（欠点）評価を多数だすと、それは学生の不勉強のせいではなく、教師の講義や試験（評価）のまずさのせいだ、とされるようになりました。

定期試験は、大学受験並みにルール化され、不正行為が起きないように工夫されるようになりました。

●理由2●規律の強化

大学改革は、学生（ユーザー）にとってはサービスの充実ですが、教師（サーバント）にとっては、労働と規律の強化です。

講義や演習の準備を怠りなくしなくてはなりません。学生にはテキストやレジュメを渡します。

教師にしかわからない「難解」「出鱈目《でたらめ》」講義はすぐにトピックスになります。

少人数化を実現するためには、教師のノルマであるコマ数はどの大学でも総体として増えざるをえません。

試験は、私（鷲田）のように多人数の受講者がいる場合、3～5教室に分散し、複数（6～10人）の教師で監督をするようになります。以前は、800人収容の講堂があれば、担当教師1人で、試験監督をすればよかったのです。こうなれば、カンニングの天国だったでしょう。

　現在は、採点は試験終了後1週間以内が原則で、評価はコンピュータ処理されて学生にいっせいに明示されますから、期限をこえた採点結果の提出は事実上不可能になりました。受講生が2000人いる教師は大変です。

●理由3● 無償労働が要求される

すべてについてそうですが、まったく新しいものを作るのは、それほど難しくはありません。しかし、古い制度を新しい制度に取りかえるのは、新しいものを作るより、数倍のエネルギーを必要とします。

どんなに古びたつまらない制度でも、既得権層がかならずいます。改革は、全員によりよい環境を与えるものでないと、かならず反対にあい、流れてしまいます。特に、大学（教授会）のように、教師が全員平等な権利を行使できるようなところでは、そうなります。まんべんなく全員においしい餌を与えながら、新しい制度を作り上げるのは、なみたいていの能力と忍耐力なしには不可能だということがわかるでしょう。

しかも、改革案を実現するのは難しく、潰すのは簡単なのです。現行の既得権より有利な権益を実現するという約束事を容易に実現することができると思いますか。確かに、大学の定員と収入が急増した「バブル」時代なら、それは可能だったかもしれません。しかし、現在、大学経営に求められているのは、リストラです。この点で他の営利企業と異なりません。だから、大学改革は、強力で無償なエネルギーなしには成功しないのです。そして、改革に手を貸さない既得権層が、もっとも有利な結果を得るのです。

「したくない改革」をなぜするのか――

教師にとってはしんどく、「不利」な結果が予想される大学改革をなぜするのでしょう。

第一は、外観程度のことでも改革をしないと、ユーザーを逃がし、文部科学省から「指導」「警告」が入るからです。

例えば、いまいちばん学生に評判の悪い経済学部は、数年前より志願者が3分の1、ないしは5分の1に減ったところがあります。経済状態が悪いと経済学部が不人気になるのは仕方ないとしても、経済学部は名前を変えるわけにもゆかず、内部改革だけでは見栄えがせず、どこも困り抜いているのが現状なのです。

第二は、やはり大学生き残りのため、大学が危機のとき（にのみ）、根本的な改革のチャンスが生まれます。大学自体の存続が問われているとき、個々人の既得権を主張していると、大学は潰れ、既得権自体も消滅しかねません。この点でも、他の営利企業と少しも変わりません。

第三は、大学の外側からは見えにくいのですが、改革好きの人がいるから、としか表現できない事情もあります。研究はしない。教育活動は適当だ。しかし、制度いじりが好きだ、という人はどこにでもかならずいるものです。まあ、大学行政に参画するのが好きな人に多いですね。

それでも大学教授はおいしい

これまで大学改革の「否定面」（?）ばかり述べてきたように見えるでしょうね。しかし、私は大学は変わらなければならないし、かならず変わる、と確信しています。この点でも、日本社会が変わらなければならないし、かならず変わる、という事情と同じです。

●おいしい生活1● 基本義務は、教育サービスだけ

大学は変化しています。大学教授がもつ「おいしさ」がどんどん削られています。これを確認してください。しかしそれでも、大学教授のおいしさは、他の職業と比べて比較にならないのです。

大学教授は、研究は熱心にするが、教育は不熱心で下手だ、とよくいわれます。しかし、もともと、大学教師の義務は、教育サービスだけだったのですし、いまもそうです。講義や演習を熱心にやってさえいれば、教師の基本義務を果たすことができるのです。逆に、研究熱心で研究成果をあげる人や、社会的に有力な活動をし、大学の「宣伝」に役立っている人でも、講義や演習

に不熱心であり、休講が多いと、同僚からも、学生からも忌避されます。

大学教授になるためには、研究業績（ペーパー）が必要です。ところが、大学教授になってしまえば、教育活動さえまじめにやっていればサービス義務を果たせるのです。

●おいしい生活2● 給与が保証され、休日が多い

私がいま現在いちばんほしいのは「自由な時間」です。自由時間にあふれているのに、さらにほしいと思っています。もちろん定収入は必要ですが、これ以上を望んでいません。

大学の教師は、収入と地位が保証され、自由な時間を確保できる、世にも稀な職業です。収入と自由時間は、普通は反比例するものです。私が大学教師になろうとしたのは、自由時間がほしかったからです。大きな収入ではありません。

●おいしい生活3● 研究活動はした「ふり」をすればやり過ごせる

大学教授になると、研究をしなくても咎められることはありません。しかし、「先生の研究成果（ペーパー）は」と聞かれることがあります。そんなとき、堂々と、「ここ十数年ペーパーを書いていません」などというのは少々格好のつかないものでしょうから、ほとんど審査のない学

内の研究誌（「紀要」）に形だけのものを掲載する必要はあります。もちろん、誰も読みませんし、批判もしませんから、本当に形だけのものでいいのです。

学内で研究会を主宰し、熱心に研究活動をしているふりをするというのが、いちばん簡便でしょう。

●おいしい生活4● 研究室、研究費つき。パソコン・インターネット・コピーは使い放題

理系は大学の研究室に入り浸りです。文系で研究室に入り浸りなのは、研究室を自宅がわりに私用している人と思っていいでしょう。自宅に文献資料を自前でそろえる資力も、努力もしてこなかった人が大部分です。ということは、大学教師になってしまえば、無料の設備を存分に私用できるということです。給与が安くても大丈夫、です。

●おいしい生活5● 留学、学会出張等が多い

大学教師が他の職業人からうらやましがられるのは、長期留学や学会出張の名目で、遊学や名所見物が堂々とできるということです。留学した、学会に参加した、その成果やいかん、などという野暮な人はいません。もちろん、たっぷり旅費は出ます。

●おいしい生活6●

社会的に一定度の信用がある

大学教授の社会的地位はずいぶん下落しました。しかしそれでも、銀行は融資枠いっぱいの金を簡単に貸してくれます。結婚式の序列は主賓席です。酒場では、無体な仕打ちにはあいません。外国では、プロフェッサー、あるいはドクターで通ります。ちょっとしたものですよ。

数例をあげましたが、他の職業と比べて、おいしいと思いませんか。

研究をばんばん行えば 大学教授の生活はどんどんおいしくなる

「イギリスはおいしい」といって主婦をうならせたのはリンボー先生こと林望です。本業は書誌学者で、イギリスで猛研究した成果で、いまや日本書誌学会になくてはならぬ人になりました。つまり研究は、しなくてもおいしいが、すればするほど「おいしさ」を生むという例です。そのリンボーさん、おいしい先生業をやめてもっと自由な「おいしさ」を満喫しています。

●もっとおいしくするために1● 学問の四つの敵を排除する

学問（研究）には四つの敵がある。第一に、「長」になりたいで、学内行政に参画することです。第二に、教える時間を増やすことです。非常勤講師などで収入増をはかることなどがそうです。第三に、政府委員などの公職に就くことです。これは専門研究の益にはなりません。第四に、家事労働という時間喰い虫に手を染めることです。こう言ったのは渡部昇一さんですが、幸い、最初の就職先で給与が普通の半分だった8年間に、第二の敵の手に捕まった時期をのぞいて、私は学問の敵から意識的に離れることができました。

●もっとおいしくするために2●
自由時間の過ごし方はフルタイムの研究時間とする

自由時間のすべてを研究活動に使う。これが大学教師の原則です。気概でしょう。そういう生活スタイルを確立しなければ、学問の敵の手に、知らないうちに捕らえられてしまいます。

●もっとおいしくするために3●
研究成果を放出する

フルタイムで研究した成果を放出すると、一定期間がくると、自然と注目を浴びるようになり、研究成果が、あるいは研究の副産物が対価を生むようになります。リンボー先生がそうです。あの先生、就職で無茶苦労したのですよ。

●もっとおいしくするために4●
研究成果を教育活動に活用する

私は、研究成果をあげて教育活動に生かそうと考えてきました。想いの何分の一も実現していませんが、私の雑学的著作も含めて、全部教育活動をめざす結果でもあります。

研究生活こそおいしいのです。おわかりいただけますか。

第4章 学べば人生が楽しくなる

職業としての大学教授は変わっても、仕事は変わらない

職業（job）としての大学教授は大きな変動期を迎えています。しかし、どんなに変動を被っても、大学教授の仕事（work）には変わらない要素があります。

大学教授の最低限の「資格」は学ぶ人であること

大学教授の最低限の「資格」（quality）は学問することで、学者（the learned）であることです。教える能力はこのラーニッドに伴うものです。学ばざるものは教える資格なし、なのです。

しかし、学ぶことは大学教授に特殊なことではなく、どのような仕事であれ、学ぶ必要があります。ただ、大学教授はもっぱら学ぶ人のことです。学者とは学ぶことを専門にする人なのですね。学ぶ専業者です。大学を出てからもっぱら学ぶ訓練をへた人が、学者に、大学教授になる最

低限の「能力」をもつといっていいでしょう。

ところが、奇妙なことに、日本の大学教授の報酬の多くは、学問する能力に対してではなく、一定の教育（teaching）ノルマに対して支払われてきました。つまり、大学教授は専門に学ぶ人ではあるが、教育するというジョブ義務（職務）をもった人のことなのです。

ただし、これまでの日本の大学では学ぶことは職務とみなされず、自主的行為に任されてきました。こういう職務評価は是正されていいでしょう。

教えることは学ぶこと

しかし、教えることと学ぶことをただ切り離して考えるのは乱暴な行き方です。教えるためには学ばなければならない、という意味からだけではありません。ただ教えるだけならば、あんちょこを使えばいいのです。むしろ自己流の教育より、虎の巻を使った教育のほうが効果が上がるかもしれません。

教えることは（なかば）学ぶことでもあります。人は、教えることによって、自分が何を学び取っているか、何を学び取っていないかを明確に知ることができます。いい教師は、教えることで自分の欠陥を知り、それを埋めようとします。われ（教師）に真理あり、学生に真理なし、という態度をとりません。

いずれにしても、教えることは学ぶことを刺激します。もっとも、教え方は多様です。教えすぎないこと、あるいは、教えないことも教育の重要な一環です。学生に自学する能力を身につけさせるのが教育の基本だからです。水や肥料をやりすぎると草木は腐り、枯れるでしょう。

発表する喜び

大学教授に業績（work）評価という項目があります。ワークというのは専門に学んだ成果を発表した物（作品）です。これも報酬の対象にはなりません。どんなに優れた業績を積もうと、大量の作品を産出しようと、報酬額とは無関係です。

ただし、ワークは、大学教授というジョブを得る非常に重要な選考資料です。教授、助教授、講師、助手というランクづけをする最重要な選考資料です。

業績発表は、それ自体がうれしいことです。自分の仕事が評価されるだけでなく、自分の「人間の価値」が評価されることにもなります。もっとも、ハードワークを伴いますし、無報酬の上に自己出費を強いられ、さらに、手ひどい批判も覚悟しなければならないのですから、恐ろしいことでもあるのですね。

しかし、業績は、商品（著書や新案特許等）として流通すると、予想外の対価を生むことがあります。これもうれしい結果ではあります。

学問すること自体が喜びだ

大学教授のワークは学問することです。その最大の効用は、学問自体が喜びであるという点です。これは他にかえがたい大学教授になることの醍醐味だといっていいでしょう。ただし以下のことを了解しておいてください。

学問と哲学の第一義は知識欲だ

学問を古名でいうと、「哲学」（philosophy）と同じです。知（ソフィー）を愛する（フィロ）ことです。何かのために知を愛することではなく、知自体を愛する行為です。知が対象であり手段なのですね。「学問のための学問」といいますが、それは「学問」と同じ意味なのです。

もちろん、国家を善くする、人間を愛するために学問をするということはあります。しかし、国家が善くなるかどうか、人間を愛するかどうかは、学問することと直結はしません。学問することの第一義は、何であれ、「知ること」、「知ろうとすること」です。もう少しいいますと、知識欲です。深く知りたい、広く知りたい、もっと知りたい、です。この「知りたい」ということの欠落した学問は、学問の名に値しないと、断固として主張したい。「知」の動機は「知」であるというと、学問至上主義といわれそうですが、それでいいのです。

好きこそ物の上手なれ

だから、学問することが大学教授という「仕事」（ワーク）の第一義ですが、学問することが好きな人、知識欲の旺盛な人が、学問の熟達者となるというのはごく自然なことなのです。大学教授に大量の「自主研修時間」（自由時間）があるのは、知を存分に愛することが認められているからで、その他のことのためにあるのではありません。

もちろん、知と技術の修得をこよなく愛した結果、企業収益のために役立ったり、国家運営の手助けになったり、人を深く愛することとつながったりすることはあるかもしれません。大いにあるでしょうし、あっていいと思います。しかし、それは結果であって目的ではありません。

ところが、大学教授で学ぶことが好きでない人がいるのですね。大学教授というジョブを得ると、ワークが鬱陶しくなる人がほとんどなのです。こんな状態では、大学教授の水準が低いのも当然でしょう。

好きでこそ学問だ

私が、大学教授になるためには、10年間学ぶ訓練を必要とする、と繰りかえしいうのは、学んで熟達の準備をする期間であるとともに、学びたい、学問を愛するという欲望が本物かどうかをテストする期間でもあるからです。

好きでこその学問です。学ぶことが好きでなければ、大学にとっても、学生にとっても、大きなマイナス要因となります。そればかりではありません。

「小人閑居して不善をなす」（大学）というではありませんか。暇を持て余している大学教授ほどツマランチンはありません。毒にも薬にもなりませんが、本人は腐ります。人生を台無しにします。学ぶことが嫌いな人は、10年間試してみて、燃えるような知識欲が感じられないようならば、本人のためにも、潔く大学教授になることを断念したほうがいいのではないでしょうか。あたら貴重な人生を誤るのですから。

若いときに学問することは重要だ――

学ぶ習慣は、どんな仕事にも必要

学問をするとつぶしが利かなくなる、といわれます。本当でしょうか。絶対にそんなことはありません。

学ぶこと、学ぶことを愛するということの本質は何でしょう。間違いなくいえるのは、知をとことん探求する欲望をもつことで、そのためには頭の活動を集中する力を持続する必要があります。

学ぶ習慣を身につけるというのは、集中力を身につけることと同義だと思ってください。テレビを見ることには集中力を必要としません。しかし、書物を読むためには、知的集中力を要します。学問に熟達するということは、集中力を養うことで、これはどのような仕事を遂行する場合にも必要な能力です。

特に、私たちは高度知識技術社会に生きています。どんな知識や技術にも対応できる知的力は、学問の力からやってくるので、それ以外からではありません。だから、もし、不運にも大学教授のジョブを得ることができなくとも、あなたが学ぶことのなかで鍛えた力は、あなたのその後の仕事を支える力になります。

未知なものを学ぶことを恐れない

学問の効用は、たとえ大学程度の段階にとどまったとしても、新しいもの、未知なものを探求することを恐れない心を養うことです。ほとんど学ばなかった大学生でも、未知なことにぶつかると、それを知ることを恐れません。図書館に行って調べることくらいはできます。知っている人に聞く術も知っています。自分でマニュアル本を買ってきて学ぼうとします。手をこまねいてばかりはいません。

学ぶ人とは、学ぶ手段を見いだすことができる人です。それさえできなければ、学ぶということにまったく無縁な人と思ってください。ただ唯々諾々と命令される人です。学ぶことに従事した人は、どのような仕事に就こうと、これからますます必要になる能力だということがおわかりでしょう。

普遍的な世界に片足をのせよう

学ぶ力は、個人の体験可能な範囲の世界をやすやすとこえてゆきます。私たちはしっかりと大地（経験世界）に足をつけなければなりませんが、体験という狭い、ローカルな世界で力みかえっているだけでは不十分です。学問を通じて得ることのできる普遍的な経験世界に片足をのせている必要があります。

それも見て触れる「現在」世界だけでなく、歴史を閲《けみ》してきた広い経験世界に足を踏み入れ、そこで知的トレーニングをする必要があります。歴史こそ学問活動が息づく本場《じょう》です。

晩学で生きる

学ぶことには旬があります。だから若い時に懸命に学び、一定度の成果を、評価をあげる必要はあります。

しかし、学ぶことに遅すぎることはありません。自分がワーク（実業）の中で鍛え上げてきた力を大学教授のワーク（学問）の中で活かすことは可能です。もちろん相応に学ぶ必要はありますが、50歳で、60歳で遅すぎることはありません。それに、学ぶことを愛する気持ちは、実学の中からも産出されることもあるのです。晩学で生きるということは、新しい人生の喜びの発見でもあります。

II

大学教授への道（ステップ）

――必勝法と裏技

第5章

大学教授になるのに資格はいらないが…

採用審査は「研究歴」と「研究業績」が重要だ――

最初は、一寸堅苦しいテーマから。

大学教師採用審査でいちばん重要視されるのが①「研究歴」と②「研究業績」です。

宮城教育大学　教官公募
●助教授●所属：教育学部 学校教育講座　●専門分野：生涯学習論　●職種：助教授
●勤務形態：常勤　●任期：任期無し　●人員：1
●応募資格：（1）年齢　採用時30歳後半から40歳代前半　（2）修士課程修了以上又は同等の学力を持つ者
●募集期間：2001年11月30日　着任時期：2002年04月01日
●応募書類：（1）履歴書（市販のものに本人自筆、写真貼付）
（2）研究業績リスト（これまでの研究の経過と内容の要約をA4用紙に3000字程度にまとめて添付すること）
（3）著書又は論文のうち、主なもの5点（コピー可）
（4）今後の研究計画および本学で関係領域を担当するにあたっての抱負（A4用紙に800字程度）

（5）選考の過程で追加の書類の提出、面接を行うことがある。

●備考：担当科目　学　部　・学校教育教員養成課程　社会教育にかかわる講義、演習および実習
・生涯教育総合課程　生涯教育にかかわる講義、演習および実習
大学院　・社会教育主事任用資格に関する授業科目
「社会教育特別演習」、「社会教育特論」

この公募条件では、修士課程を修了していない、あるいは、5点以上研究業績のない人は、よほど特別の実績やキャリアーあるいは技能がないかぎり、修士課程修了者で5点以上の業績のある応募者に「優先」されるとみて間違いないし、おそらく書類選考で「足切り」されるでしょう。

大学教授になるには二つの流れがある――

しかし、かつて私は、大学は「無資格の世界」である、大学教授になるのに特別の資格はいらない、と書きました。実際、私のごく近いところに、大学卒業資格がない、あるいは、まったく研究業績がない人が、専任教員になった例があります。H出版社の編集者、図書館職員、専門学校の秘書コースの教師等です。

二つの流れがあるということを知っておいてください。

一つは、高学歴社会になり、大学卒は普通で、多数派になりつつあります。2001年度の大学院入学者は7万3000人（修士課程）です。2010年の入学者は、97年の1・5倍で、修士8万5000人、博士2万3000人、計10万8000人になると文部科学省の大学審議会は予測しています。現在大学（短大を含む）進学者数は74万人で2009年度最大70万人程度と予測していますから、大学卒のほぼ8人に1人が大学院に進むことになります。大学院修了はめずらしいことではなくなりました。研究教育者になるためには、もはや大学院修了以上の学歴が要求される、ということです。

いま一つは、高学歴社会と好対照をなすものです。ボーダレス社会では、国家も、企業も、個人も競争激化の下にさらされ、「資格」があるなしではなく、能力や業績（仕事内容）がより重

急増する大学院生

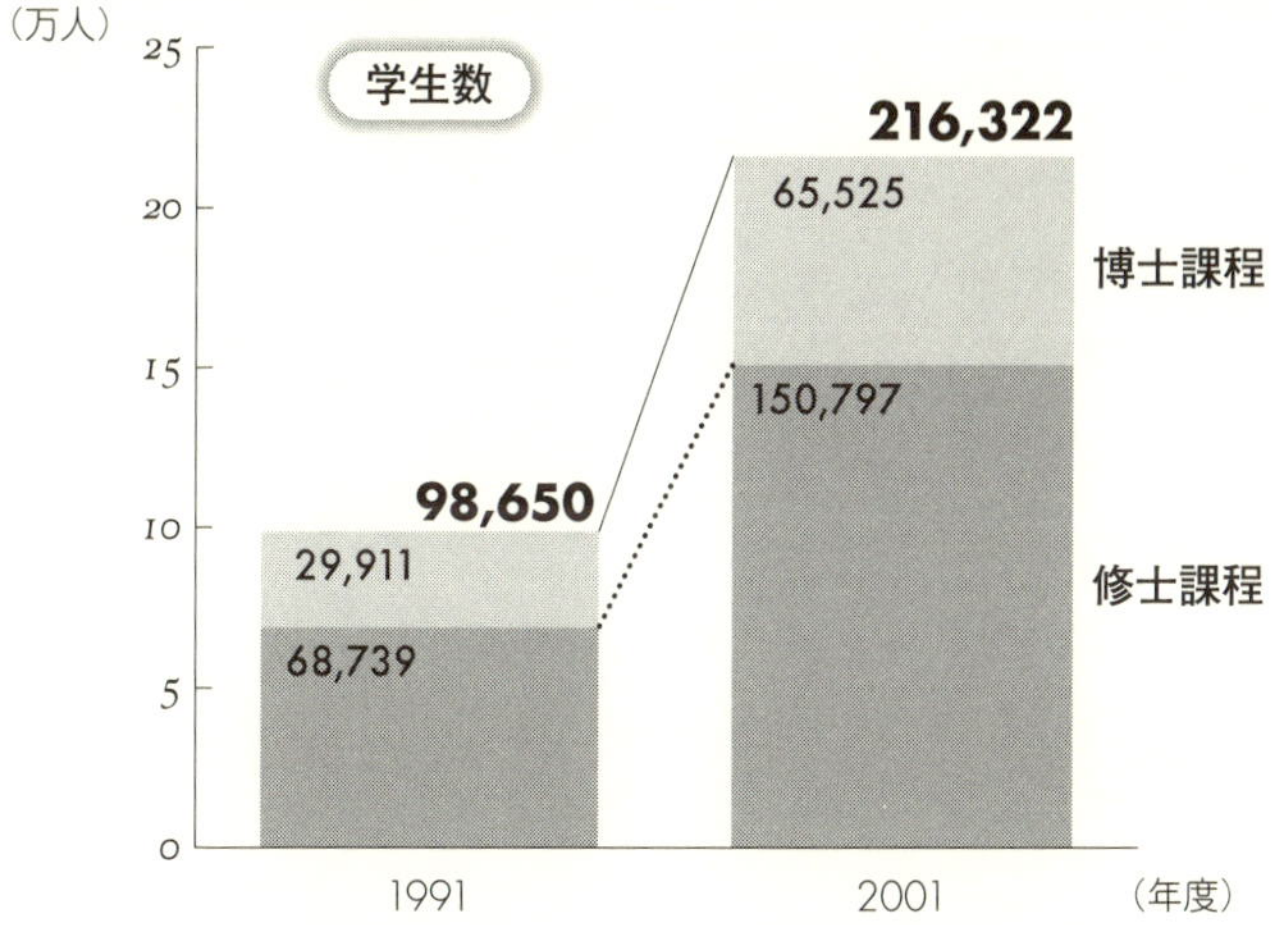

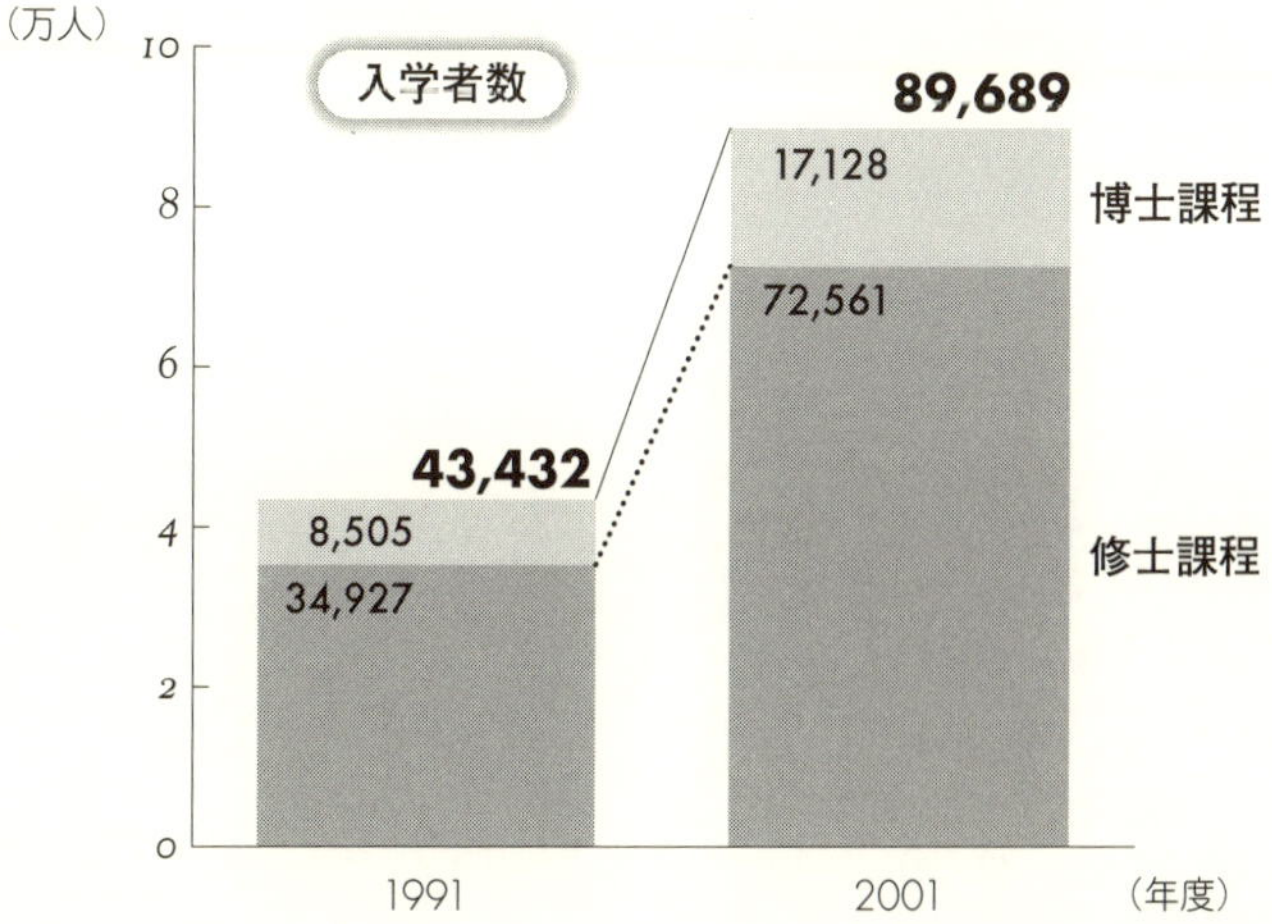

※データ:学校基本調査

要視されます。大学教師も同じです。学歴の有無ではなく、アートやサイエンスに秀でた人が必要だ、ということです。実際、大学設置基準の改正で、在野の才能を積極的に導入する道が開かれ、多様な人材が大学に入ってきました。

ここから、私がかつていったことと同じ結論が出てきます。大学教授になるためには学歴と研究業績が必須な普通コースと、特に技能や実績のある人は学歴（資格）を必要としない特殊コースがある、というものです。どちらを選ぶべきか、はまた詳しく述べましょう。

大学教授の定年が遅いわけ

「大学教授は定年が遅くていいいな」とよくいわれます。リストラや再就職に伴う苦痛がない、というわけでしょう。

私の勤務する札幌大学は、定年が65～70歳です。この間、いつ退職しても定年扱いというわけです。国立大学は内規で定年（厳密には「停年」）を決めていますが、東京大学が60歳、京都大学が61歳、大阪大学や一橋大学は63歳、三重大学等は65歳でした（最近、定年引き上げをした大学もありますが）。私も習いましたが、東大を退官し、京大に1年、阪大に2年いた心理学の教授がいました。この人はさらに私立大学に転出し、定年退職を4回経験します。

私立大学はほぼ65歳から70歳までの間です。私の大学の教員の平均年齢は56歳ですが、私立大学の平均値に近いでしょう。国立が私立より定年が下なのは、退職金をもらった後、私立大学に「天下り」（再就職）可能だったからですが、最近では結構これが難しくなってきつつあります。

高齢社会で、厳しいリストラの時代ですから、なおのこと、定年が遅いのはいいな、と考えられることでしょう。定年に達しても、兼任講師（非常勤講師）を続ける可能性も大きいわけですから、老後の足ならし、頭ならしにちょうどいいでしょう。等々の理由で、大学教授になりたいという動機の一つに、定年が遅い、ということがあるのも事実です。しかし次のような事情があるということも知っておいてください。

大学教員（専任）に採用される年齢は、大学卒業後10年が普通です。その間、大半は、自費で授業料、研究料をまかなわなければなりません。10年遅れて定職に就き、10年遅れて定年に達するのですから、定年が遅いという点は特に大学教師の特権でも何でもないということです。要は、早く社会に出るのか、遅れて出るのかの違いです。

私は、大学卒業後、定収なしに耐えることができるだけでなく、自費で研究・教育活動を続けてゆけるかどうか、に大学教授になれるかどうかの成否がかかっている、と繰りかえし強調してきました。この問題についても、後に詳しく述べましょう。

第6章

大学院入学が大学教授の門を開く

大学教授になるためには、大学院修了の応募資格が問われる

「無資格」で大学教授になった人もいるが……

私は繰りかえし「大学教授になるのには資格はいらない。偏差値50でもやり方さえ間違わなければなれる」と書いてきました。事実、私のまわりに「無資格」(?)で大学教員になった人が何人もいます。次にあげるのはそうした方々の例です。

ケースa 大学中退、大学の事務職から専門分野の能力を買われて短大の教員になった図書館学助教授。

ケースb ドイツ語を履修したこともないのに、ドイツ語の教員として就職(ただしコネあり)した文化人類学教授。

ケースc 短大卒の女性。地方新聞社で編集記者を長くやって、ジャーナリズム論の教員として

就職。現在は短大助教授。

ケースd　大学中退（高校卒の資格）で市職になり、福祉畑を歩き、福祉施設の施設長を経て福祉関係で非常勤講師を数年やり、現在は障害者福祉論の助教授。

でも一見してわかるように、彼らは特殊な専門領域でしょう。

大学教授の公募は、公開されているだけで、つねに５００程度あります。旧・文部省の学術情報センター（現・国立情報学研究所）が提供しているインターネットのホームページ（２００１年秋より科学技術振興事業団へ移管。http://jrecin.jst.go.jp/）を参照してみてください。このように公募が誰にでも公開されるようになると、逆に、応募資格が明確に問われるようになるのです。

一般公募でいちばん多いのが、大学院博士課程単位修得で、少なくとも修士課程修了の資格が必要だという条件です。なぜだと思われるかもしれませんが、これには理由があります。

公募になり、開かれた審査になると、コネや情状酌量だけの人事ではないことを示すために、公正を期すため、誰をも納得させるだけの人選基準の最低条件が必要になるのです。

大学院は、本来、教育研究者養成機関です。それに、できうれば、専門業績に数えられる修士論文を書いて、審査が通り、研究者の卵として認定される博士課程をへた人が、最低条件をクリアした人である、とみなされるわけです。

特別の能力のない人は大学院に行くといい

研究者になるためには、研究者で飯を食って生きていくためには、公認会計士や一級建築士のような特別の資格はいりません。研究職の求人があって、採用されれば、あなたはいちおう研究者です。あなたの家に財産があって、存分に研究に資金をつぎ込むことができる人は、誰に採用されずとも、あなた自身の努力次第で研究者になれます。しかし、独学で研究者になるのは想像以上に難しいと思ってください。

つまり、資格が必要でないほうがむしろ厄介だ、と思ってください。資格があって、段階を踏めば、ほぼ自動的に会計士や建築士になれるのとは違って、研究者になるのは自分だけの努力だけでは決定できない要素が多いからです。

しかし、どういうコースを取るにせよ、研究者になることを決定づける必須条件は、あなたの熱意と努力だ、と断言していいと思います。採用に偶然が作用したとしても、研究者として生きるための努力を欠いては、事はなりません。

課程博士号をとろう

特別の資格がいらないといっても、研究者を論文と面接だけで採用する例は稀です。論文は代作で、面接は演技で、ということもあるでしょう（実際にあります）。それで、所定のコースをきちっと歩んできたという「証拠」が要求されます。最近の研究者公募の採用条件には、ほとんどの場合、大学院の後期（博士）課程の単位修得とあります。後期課程を出ることが研究者と認められる普通の条件だと思ってください。若い人は、可能ならば博士号をとるほうがいいでしょう。理科系の人なら博士号は必須条件になります。

だから、研究者になろうという人は、特別の方面で才能をもっていないかぎり、大学院に入り、後期課程まで進み、課程博士号をとる、という「正規」のコースを進むことをすすめます。少なくとも、大学院は前期（修士）課程2年、後期課程3年ですが、修士論文の審査を通って、後期課程に進む能力あり、と認められることが研究者になる最低の「外形標準」条件だと思ってください。

大学教授になるための大学院選びのコツ

大学院選びに定石はない

「私は研究者に絶対なるのだ」と強い信念をもっている人にはアドバイスなどは必要ありません。彼は、自分で自分の道を見いだします。

でも、勉強が好きだ、研究することはもっと好きだ、その成果を発表したり、教えたりする生活をしてみたいな、とやや漠然と考えている人に有効なアドバイスは何だろうか、と考えてみました。

最初にいいたいのは、誰にでも通用するアドバイスなどはないということです。したがって、あなた方が、さまざまな選択肢から、これは自分に有効だと思うものを自力で選びとるのだ、という強い気持ちをまずもつ必要がある、というのが最初でもっとも重要なアドバイスになります。自分の進路を受動的にではなく能動的に選びとろうという意志の力がないと、研究生活は難しいからです。

できれば、研究者になろうというモチベーションがしっかりあるといいですね。しかし、動機いかんは、ある程度、事を進めてみないと本当のところははっきりしないものです。思いこみにすぎない動機づけに負けてしまう場合もあるからです。だから、いちおう進路の目途がたってから、あらためて動機を確認するのでもいいでしょう。

定石はないということを確認した上で、大学院選びで意外と見落とされている点を中心にいくつかアドバイスできたらな、と思います。

では、どのような大学院を出れば、大学教授への近道になるのか？

私はかつて、アクセサリー的に設置された大学院を出ることはむしろ教育研究者としての能力に疑問符がつく、といったことがあります。しかしこの5、6年間で事情はうんと変わりました。内容上ではなく、形式上といったらいいでしょう。大部分の公募条件に、大学院修了という資格が明記されるようになりました。この公募条件が満たされていないと、書類不備で門前払いされます。くれぐれもご注意。さて、ではどんな大学院をめざしたらいいのでしょうか。考え方は3通りあります。

「難関」の大学院に行くべし

大学入学は偏差値で決まります。一流大学には就職難はありません。大学院入学は偏差値で決まらないといっても、やはり競争があります。選抜試験があります。語学と専門分野のテスト、専門の小論文、および研究計画書の作成と面接ですが、大学入試より数段やさしいと思っていいでしょう。

ですから、大学院は、教師や設備が充実し、研究教育条件のいいところに行くにこしたことはありません。大学は三流でも、大学院は一流をでて研究者になっている人はかなりの数にのぼります（ただし、研究職にかぎっていえば、一流大学院が二流、三流大学院より就職状況がいいとはかならずしもいえません）。3年生のときから大学院入試の準備をして、望む大学院に受からないというのは、不運か、よほど学力がなかったかのどちらかです。

一流大学院をめざせ

日本は学歴社会ではありません。ますますその傾向は強まるでしょう。しかし、就職には（つまり最初の望む仕事口を得るのには）一流大学が断然有利である、という傾向はまだまだ強いのが現状。東大や京大には就職難などありません。ただし、特殊な業種をのぞいて、学歴が通用するのはほんの数年間で、後は実力と努力がものをいいます。

日本の大学はいま急激な変化期にあります。内容というより形式においてです。

　大学は、（a）大学院主体の大学、（b）4年制大学主体の大学院のある大学、（c）4年制だけの大学、それに（d）短期大学という、ほぼ4つの階層に分かれつつあります。ただ、（d）短期大学は縮小し、早晩、4年制に吸収合併され、消滅するかもしれません。

　新しく登場しつつあるのが、（a）です。大学や4年制学部の付属延長機関として大学院があるのではなく、大学院大学・学部（研究科）・専攻が独立体をなし、付属の学部学生からの進学生よりは、むしろ全国規模の選抜試験をくぐり抜けた大学院生が主として集まる、という仕組みになるという構想です。したがって、学部学生の定員より、大学院生の定員がうんと大きくなって当然です。旧帝大、旧商大、旧高等師範の大学院がこれに属する可能性がありますが、まだ流動的でしょう。

学力に自信がある人、選抜試験に強い人、抜群の卒業論文を書いた人は、この一流大学をめざすといいでしょう。でも一流大学に入ったが、4年間ほとんど勉学にいそしまなかった人には無理でしょうね、なんていらぬお世話かも。

このクラスの大学院は、教育研究設備、とりわけスタッフが充実しているでしょうし、就職の引きもいいと考えて間違いありません。

二番手大学院をめざせ

現在、日本の大学は、猫も杓子も大学院を競って設置しています。前述の（b）の大学院ですね。

しかし、（b）の大学院は大別すると2種あります。

（b1）いちおう教育研究者を最低限度養成するにたる設備とスタッフをそろえている大学院。目安として名前をあげれば、法政大学や駒澤大学、関西大学や同志社大学、それに地方の国公立大学の大学院などがこれに相当します。

（b1）の入学試験は概してやさしい、大学入試よりうんとやさしい、と思っていいでしょう。大学も大学院の充実をうたっていますし、教授も大学院生の入学を歓迎する雰囲気があります（大学院の授業担当者には、かなりの額の別途収入がつきます）。入学希望者は、事前に、アポをとって教授を戸別訪問する労をとるといいでしょう。

大学院は三流でもけっこう

しかし、受験の苦手な人はいます。それに、前期課程から後期課程への移行で、かなり厳しい「試験」があります。躓《つまず》くのは論文と語学です。

語学試験は苦手だが、じっくり時間をかけて自分のペースで学ぶのが好きな人は、三流どころの大学院（修士）に進むことをむしろすすめます。そこでいい修士論文を書き、さらに後期課程で博士号をとるという行き方は、悪い選択ではありません。

現在、ちょっとした大学にもわずかの定員ですが、大学院が設置されています。文部科学省もどんどん認可する方針ですから、大学院のない大学のほうがめずらしくなるかもしれません。研究意欲のまるでない学生を抱え、大学院にふさわしい教育研究をするスタッフもない大学院など廃止してしまえ、という声も聞きます。「正論」でしょうね。このクラスの大学院が、前述のカテゴリーでいうところの（b2）になります。

入学は簡単です。ただし授業料はきちんと取られますよ。（a）の大学院のように、修士論文でさんざんいじめられるということもないでしょう。精神衛生上、とてもいいといえます。

「三流」大学院で存分の研究活動をすべし

大学院博士課程というのが応募条件にあるからには、（b2）の大学院へ進むのも手ではないでしょうか。問題は、大学院での過ごし方なのです。がんがん勉強して、一流大学院生たちの鼻をあかすのも、楽しいことなのです。

それにおもしろいもので、三流の大学院は、たいてい定員不足で、進学生を大歓迎します。もし学生が熱意の固まりで、研究能力が確かなら、助力を惜しみません。要は本人次第です。それに、学問の世界には学閥や派閥がはびこっていますが、誰であれ、どこの出身者であれ、いい論文を書いたものは、注目されます。めげずに頑張ればかならず日の目をみます。

大学院を「利用する」さまざまな手法を公開しよう

大学教員公募の応募資格に大学院修士課程修了、博士課程単位修得という（最低）条件がある、したがって大学院に進むべきだ、という議論をしてきました。ちょっと角度を変えて、大学に就職するための「ハウツー」として大学院をどうみるか、ということを考察してみましょう。

ハウツー1 (a) クラスの一流大学院の場合

私は「美人」も能力の一つと考えています。顔ではなく心だよ、という人がいますが、顔がよけりゃ心も映えるというものでしょう。顔のまずい私なんぞは、痛切にそう思いますよ。

つまり、就職に有利な条件として、姿の美しい、伝統のあるブランド品の大学があって当然です。まあ、東大、京大、慶應、早稲田の4校が申し分なくこの資格を有しているでしょう。

でもよくしたもので、ブランドでおのれを売ったものが、そのブランドにふさわしい輝きをしなかったら、目も当てられないでしょう。それに、非ブランドものに有利なのは、ブランド品は売れ行きがいいものだから、大学教授などという、手間暇のかかる仕事に就こうなどと大挙してやってこないことです。これは知っておいてください。

せいぜいあるのは、ブランドの輝きも消えた、疲れたので、大学教授にでもなってやろうか、などというずうずうしい部類です。

ハウツー2 (b1) クラスの二流大学院の場合

実力本位でゆきたいですね。大学院の提供する施設やスタッフよりは、自分自身の力を信じて邁進することです。(b1) の大学院には、(a) よりむしろ、研究発表の自由やチャンスが多く、競争相手もそれほどいないから、研究能力を伸ばすのには適しているのではないでしょうか。

実際、生産力の旺盛な大学の教授が、この階層の大学院を出た人に多いのも、偶然ではないと思います。私の先生筋にあたる谷沢永一先生（関西大）や渡部昇一先生（上智大）、近いところでは、私の同僚の社会思想の堀川哲教授などは、その典型です。型にはまらず、雑学にも強く、それに苦労を知っています。教育者としても最適ですよ。

独立独歩の精神構造は、大学教授にとってとても必要なものです。ちょっと弾みをつけていえば、ブランドで輝くことができない欠点を、研究活動の充実で補うという〝大学教授道〟への正攻法を歩むことができるのではないでしょうか。

ハウツー3（b2）クラスの三流大学院の場合

何が何でも大学教授になりたい、ならずばなるまい、という人は（b2）へ進むことも考えてください。ここでは、誰にも頼れません。「努力」の二文字だけです。

ただし、資格をとるために、というつまらない意見にとらわれる必要はありません。この大学院は、大学院生のほうがやりたい放題である、という気概が必要です。勉強も、施設利用も、スタッフとの交流も、君次第だということです。君がこの大学院を背負って立つ、ということになるのですから。もし研鑽に研鑽を重ね、その研鑽にふさわしい成果をあげえたら、（b2）といえども、大学、先生こぞって、黙ってはいませんよ。応援してくれますよ。母校に職を斡旋してくれる道が案外開けるものなのです。

ただし、この大学院生は周囲から期待されないというハンディキャップがあります。どんなにダルでも、咎められません。そして資格だけは得ることができます。

もっとも、研究活動は自前でして、一定の業績を得ることができるという自信のある人は、大学院を出たという資格を取るだけならば（b2）の大学院に進むほうがエネルギー・ロスがなく、いいかもしれません。問題は学費だけでしょう。

現在では、二流以下の大学ほど、ブランドで採用するということに対して慎重です。真剣な教育活動をしてくれる人、研究活動を持続してくれる人を求めているからです。この点でいえば、大学も一般企業と同じで、人事選考に誤れば、大きな損失を招くのです。

指導教授を見つけよ。いなければ他大学の教授を捜せ

専攻名より、指導教官を捜すべし

大学院の研究課題は指導教授によって決まります。もちろん、どんなテーマでも許してくれる自由放任の教授はいますが、教授から豊かな知識や技術を教わらないという手はありません。

また、自分のやりたい専攻に進もうというのはいいのですが、専攻は名ばかりで研究の中身が違う教授はいるものです。だから、自分のしたいことと共通性、あるいは関連のある教授を捜す努力が必要になります。もちろん、アポをとって、一度ならず会ってみるといいでしょう。

どんなに有名な教授でも、学問内容がまるで古くさくなった人とか、権力欲者やアル中、人格破壊者等、若い人が普通につきあいかねる人もかなりいるのです。そういうことは著書を読んでみるだけではわからない場合があります。自分の目で確かめるだけでなく、周囲の人を通じて前調査してみる必要はあるでしょう。

学外の教授を見つけると、とてもいい

もし万が一とんでもない教授を選んでしまった場合は、潔く方向転換しましょう。学外に適切な先生を求めましょう。

同じ大学の教授と学生同士は、利害に共通する部分があったり、対立する部分もあったりで、生々しい関係になりがちです。学問研究で切磋琢磨するということを第一にすることが難しい場面がいく度となく登場します。大学院の密室的人間関係で消耗し、研究者の道を断念せざるをえなくなった人は、意外と多い、と思ってください。

学外の先生なら、心おきなく会いに行って、学問研究全般のことを膝を交えてフランクに語り合うことができます。意外な辺境大学から優れた能力の研究者がでるときは、ほとんど例外なく、学外の先生と親密な関係を樹立できた場合だということがわかります。それに、学外の先生にとっても、未知の学生が自分に向かってまっすぐやってくるのは、何とも気持ちのいいものなのです。

学ぶことの好きな人になれ

学ぶのが好きになるためには、学ぶしかない

大学院に進みたい、研究者になりたいと思うほどなのですから、学ぶことが好きかというと、かならずしもそうではありません。企業でもまれるより、研究しているほうがどちらかというと楽な人生かな、などと思う人がいます。こういう人が研究者になると、研究仲間からバカにされ、研究からも疎外されるというように、存分の不幸を味わいます。

学ぶのが好きなのは、しかし、生来のものではありません。がんがん学んではじめて、「うん、好きだ」あるいは「やはり嫌いだ、耐えられない」ということがわかるのです。

学部の3年4年なら、一にも、二にも、学び続けて、自分に研究者としての性向があるかどうかを確かめてみることです。好きだと、困難に耐えることができるものです。

読む人になれ

学ぶといっても、自分の好みだけを自分の周囲に集め、それに耽溺しているだけでは、学問研究になりません。マニアにすぎません。自分の嫌いな、自分の知らない世界に対しても好奇心を発動させる性向をもたなくてはならないのです。

そのためには、文系であろうが、理系であろうが、学生時代は、本から学ぶのがもっとも簡便で有効な道です。研究者になろうという人が、本を読まないでどうする、というのが私の意見です。本とは、自分で直接経験できない世界を開く扉です。読むとは、ホッブズもいったように、「世界を読む」ことと同義なのです。

もちろん、本を読めば事足りるなどといっているのではありません。先人の遺産を読み解く自在の能力をつけることが、自分の専門領域のみならず、未知の領域に足を踏み入れる動力になるのです。

理系でも基本的には同じだ

文系でも理系でも基本的には同じことです。しかし、二つだけ違う点があることを指摘しておきましょう。

理系の前期課程は、技術者養成機関と化しています。後期課程に入ってはじめて研究者として認められます。しかし、才能は理系では、学部で、修士課程ですでに花開く人が少なくありません。20代で堂々とした研究者として認められる人もいます。この点、文系と違いますね。

また、研究は、研究設備や研究室と不可分で、個人で調達できる範囲をこえます。だから、研究室と教授等に、研究課題も研究スタイルもより多く従属することになります。大事なことは、個人が属したところで腕を上げ評価を得ることです。その上で、自分独自の研究課題や研究スタイルを創出するという心構えをもつことです。つまりは「徒弟」になることですね。文系と異なる第二の点です。

第7章

学術論文が必要だ

大学教授への門戸は狭くないが、選考基準が厳しくなる

いい学術論文が書けなくては、大学教授になることは困難だ

ＧＤＰ（国内総生産）拡大の右肩あがりの日本経済にストップがかかりました。産業やビジネス全般にわたって、生き残りをかけた、リストラ、倒産の波が押し寄せています。

大学教育産業もご同様で、各大学の志願者の数が激減しています。この傾向が今後十数年は続く見通しです。ところが、新設・増設大学（学部・学科）ラッシュはやんでいません。なかにはたんなる化粧直しの類もありますが、あいかわらず大学産業はお盛んのようなのです。そして、大学教員の総数も増加しています。それに、大学が大拡張をはじめた１９７０年前後に就職した大学教師が、そろそろ定年を迎えようとしています。大学教授になる門戸は、あいかわらず大きく開かれている、といっていいでしょう。

産業界は、競争力を身につけるため、人員整理を含む大改造をやっています。国内外の激しい競争を勝ち抜くためにもっとも重要なのが、優秀な人材獲得です。仕事のできる人です。

この点では大学も同じです。大学はバブルを続けているようにみえます。しかし、競争時代を生き抜く、という至上命令を背負っているのです。そのために人材発掘、獲得が重要なのはいうまでもありません。新規採用の選考は厳しくなるとみなくてはなりません。

これまでのように、ともかく大学設置基準をクリアしていれば、という「数合わせ」程度の人材を配していては、志願者にそっぽを向かれます。

よい研究と教育（サービス）のないところ、学生（お客）は集まらなくなります。

教授になるのに資格はいらないが、教授になるには学術論文が必要だ

全体として、選考は厳しくなります。その選考基準の中でいちばん問題になるのは、やはり、学術論文の質と数でしょう。高学歴である。コネがある。熱意がある。若さがある。あれもある、これもある、といっても、学術論文が水準に達しておらず、数もそろっていなければ、お呼びでない、といわれても仕方ありません。

大学教授になるには、いく度でもいいますが、「資格」はいりません。それに、高学歴、一流銘柄だからベターという時代は、基本的に終わった、とみていいでしょう。

私は、論文の質と量がそろっていても、いい教師になれるとはかぎらない、と思っています。研究と教育は並行関係にはありません。しばしば逆方向を向いてる場合だってあります。しかし、研究成果があり、それを教育に生かすことができて、一人前の教師といえるのではないでしょう

か。学術論文は、研究能力があるかないかを見きわめる、最初のリトマス試験紙である、と考えてください。しかし、一口に学術論文といっても、それを書いたことのない人には、漠然としているでしょう。ともかくも一本でも書いたことのある人は、「アー、しんどかったな！」とため息が出るでしょう。私も最初の論文（卒業論文、修士論文、紀要論文）を書いたときは、五里霧中でした。何が何やらわからなかった、書き上げて、興奮のため、数日熟睡できなかった、というのが本当のところです。

それに、採用選考で論文を審査する人が、論文を書く能力も、読解する能力も小さい、ということが決して少なくありません。あなた方が書く論文は、そんな選考委員を相手にしている、と思ってください。彼らをまず感心、納得させせなければなりません。

学術論文の書き方のポイント

1998年12月21日から30日まで、『入門・論文の書き方』（PHP新書）を書いていました。ここでちゃっかり紹介させてもらいます。「論文」といっても、主として、学術論文の書き方です。それをご参照ください、ですむと思いますが、それではあまりに素っ気ないので、重要ポイントを選んで、最小限度のご注意を促したいと思います。

●書き方1●

〝学術論文の書き方〟を知るための最小限度の文献を読む

どんな研究であれ、まず文献、資料です。頭から、こう決めつけてください。文献も集めず、読まず、理解できずでは、論文は書けません。学術論文の書き方、においてもまったく同じです。自己流はいけません。以下は、必読文献です。必読ということは、常備品です。

（A）梅棹忠夫『知的生産の技術』（岩波新書・69年発行）

＊「技術」とは、誰でもが、順序を踏んで練習してゆけば、かならず一定の水準に到達できる性質をもっている、と断じ、知的生産（論文を書くのもその一つ）に革命をもたらした。

（B）清水幾太郎『論文の書き方』（岩波新書・59年）

＊「書く」という精神活動の「常識」を塗り替えた。

（C）澤田昭夫『論文の書き方』（講談社学術文庫・77年）

＊論文作成の「現場」に即した、ていねいな技術（ハウツー）指導。

（D）ウンベルト・エーコ『論文作法』（谷口勇訳・而立書房・91年）

＊あの『薔薇の名前』の作者で、世界的な言語哲学者のエーコが、学生向けに書いた、論文作成教科書。

（E）野口悠紀雄『パソコン「超」仕事法』（講談社・96年）

＊論文はパソコンで書く、これが原則。（A）～（D）ではふれていないこの点を本書で補ってほしいものです。

●書き方2●
論文はかならずパソコンで書く

まず確認してほしいのは、文献検索、収集、その他一切の論文作成に関する作業は、パソコンを使う、という原則です。私は、これから研究を開始する人で、パソコンを使わない人は、困った人だ、と考えています。私のようなジジイでも、パソコンで書いているのですよ。「私はオバンだから、機械には弱いの」、などという泣き言は通りません。

パソコンで研究教育活動を遂行できない人は、これからの時代、活動範囲はぐーんと狭くなります。

●書き方3●
テーマを決める

（イ）めずらしいテーマか、よくあるテーマか

論文の命は、オリジナリティといわれます。誰も取り扱ったことのない、テーマ、資料、研究方法、解決方法、解決点等です。しかしめずらしいテーマは、参照文献・資料が少ない、独りよ

がりになる、審査・評価してくれる人がいない、等の欠点があります。それに、新奇なものは、うさんくさく見られます。ただし、オリジナリティを認められたら、抜群の威力をもつでしょう。よくあるテーマは、参照文献・資料も多く、研究水準もわかり、審査・評価をしてくれる人も多い。しかし、その分オリジナリティを提示しにくいのです。

初歩時代の学術論文のテーマは、新奇さよりも、普通さのなかから選び、良質の文献研究を通して、ほんの少しでもいいから新しいポイントを発見する行き方がいい、というのが私の（参考）意見です。

（ロ）広いテーマか、狭いテーマか

大家の場合、“The details are good, but the effect is bad”では困ります。しかし、初心者の場合、逆とみたほうがいいでしょう。実績のない「広言」は、空語とみなされます。ベストなのは、将来、より大きく膨らんでゆく可能性のある「小さな」（限定された）テーマを選ぶことです。

（ハ）最初は、漠然としたテーマで

テーマは必要ですが、研究を進めてゆくと、テーマを変更したくなる場合が、何度もあります。簡単にテーマ変更はしないほうがいいでしょうが、最初は、暫定的テーマで出発するほかありません。テーマは、研究を進めるなかで、絞りこんでゆけばいいのです。

●書き方4●

文献・資料を集める

初心者の学術論文の命は、文献・資料の収集と研究にある、と考えてください。広くいえば、テーマの研究史、学説史をきちっとふまえる、ということです。これがマナーです。

論文のオリジナリティとは、「まだ書かれていないもの」です。すでに書かれたのか、そうでないのか、を見きわめるには、すでに書かれたものを調べる必要があります。

論文で、既知、既述のものを、私が発見し、はじめて述べた、と書いたら、未調査や無知ではすまされません。詐欺、盗作の行為になります。慧眼《けいがん》の審査員がいると、それでバツです。

研究とは、既存の歴史蓄積に「何ものか」をつけ足す行為です。どんなにオリジナリティにあふれたものでも、自分一人ではじめたものは、ほとんどありません。研究とは、先人から学び、

それを継承する、というスタイルをとるのが、まともですし、礼儀にもかなっています。特に初学者には必要です。

文献に学ばない研究は、独りよがりで無駄が大きい、とみたほうがいいでしょう。私は、無理や無駄は嫌いではありません。その効用も認めます。しかし、無理や無駄は、しがいのあるところでしたいものです。

必要文献・資料は、直接、書店、古書店で当たりをつけた文献を参考に、購入するところからはじめたらいいでしょう。もちろん、図書館サービス、インターネットサービスをフルに活用しなければなりません。しかし、自分の目で見、手で触ったものは、それだけの働きをします。

外国文献を当たるのもいいでしょうが、最初は、国内の研究成果から入ってゆくほうが、簡便です。もちろん、標準的な教科書類と、最高水準をゆく定評のある研究文献は、常備してください。

参考資料収集には、聞き取り、実地調査、実験等が含まれます。ここでは詳しく述べることはできませんが、それぞれのやり方があります。しかし、どんな場合も、文献研究が基本になると思ってください。

文献を読まない人、集めない人は論文を書く資格はない、と考えてください。

●書き方5●
論文のサイズと締め切りを決めよう

ちょっと乱暴なように見えますが、書く前に、論文の長さと締め切りを決めましょう。

雑誌論文などの場合は、長さの制限と締め切りがあるのが普通です。しかし、私は、論文は、最初から、50枚（400字詰）なら50枚、締め切りは、何年何月何日まで、という具合に（自分で）決めるのが適切だ、といいたいのです。

まだ論文を書いた経験もないのに、枚数までぴちーっと決めて、そのとおり書くなんて、至難の技だ、と思われるかもしれません。ところが、サイズを、締め切りを決めるからこそ、論文は書けるのだ、というのが私の意見です。

もっとも簡単で的確な技術は、サイズで書くことだ

「技術」とは、何であれ、やり方さえ間違わなければ、誰でも習得、活用できるものでなければなりません。こう喝破《かっぱ》したのが梅棹忠夫です。論文を書く技術もまた然り、です。そうした技術を箇条書きしてみましょう。

30枚を30分割する方法をすすめる

初級の人すべてにおすすめしたいのは、思い切って、30枚を30分割して書く行き方です。つまり、30のテーゼ（命題）あるいはキイ・ワードを立て、それぞれを４００字で書くことです。逆にいえば、30個のテーゼが立たなければ、書かない、書けない、ということです。テーゼあるいはキイ・ワードとは、書こうとする文章の中心点です。ここが書きたい、という核心です。

例えば、「小沢一郎」を、一言でいうとしたら、あなたなら、どうしますか?

①嫌われ者だ

②孤立しても自分の言動を貫く

③改憲論者だ

④『日本改造計画』は憲法の枠内だ

等々。①〜④のうち、どの命題をとるかによって、書き手の「立場」が決まるでしょう。その命題を４００字で書くのは、難しくないでしょう。

しかし、30のテーゼをただ羅列してゆくのは、簡単じゃありません。問題は、30テーゼに分割する技術です。初心者に絶対におすすめしたいのが、3分割法です。

先ほどのテーマ（小沢一郎）での論文枚数30枚を、まず、3分割します。

（1）90年代日本の政治は、小沢対反小沢で動いてきた。

（2）小沢は、吉田ドクトリンに変更を迫る。

（3）「普通の国」がめざすのは、国際協力と日米協力による日本の「自立」である。

（1）〜（3）をさらに3分割します。書くべきテーゼは全部で9ですから、この段階で論文を書こうとしたら、各テーゼを1200字で書くといいわけです。しかし、私は、最初は、さらに9個のテーゼを3分割して、27テーゼで書く方法をすすめます。構成番号は、

1

1・1

1・1・1

1・1・2

1・1・3

1・2

…………

となり、立てた命題は3+(3×3)+(9×3)=39です。しかし、文章にするのは、「1・1・1」の準位の命題で、27、それに「1」の準位をリード文として書けば、ぴったり30(枚)になるでしょう。

400字で1テーゼを書く、これが論文を書く技術の第一法則です。

もし30枚を、最初から、だーっと書いていって、構成力のある文章に仕上がったとしたら、その人は遺伝子に文章才能が埋め込まれているに違いありません。

短文が書ければ、どんな長文も書ける

文章を書くといっても、モデルがあります。最近までは、文章のモデルは、小説の類でした。いい文章というのは小説家の文章を指しました。しかし、小説の文章は、「短文」に分割できないでしょう。小説家の文章をモデルにすることはすすめるわけにはいきません。

しかし、ある種の小説は、短文からなっています。新聞小説は、毎回、3~4枚、週刊誌なら、20~25枚です。それぞれの回に山場がなければなりません。頭からだらだら書いていったのを切って、1回分、というのではありません。

司馬遼太郎は『竜馬がゆく』を産経新聞に連載するとき、とにかく長い小説を書いてほしいと注文されたそうです。しかし、書くのは毎回4枚です。それを、とにかく続けてゆけばいいのです。もちろん、論文じゃないので、全体の構成などははじめにはなかったでしょうが、書き方は、

短文をつなげてゆく、です。

一つの命題を1枚で書くことができると、３００枚であろうが、１０００枚であろうが、3分割していって、命題を立てれば、書くことができる寸法になります。しかし、次のような疑問もわくのではないでしょうか。

(A) ひとつの命題につき、2枚でも、3枚でもいいではないか？

そうです。30枚なら12命題で、１００枚なら39命題で十分でしょう。でも、1命題を2枚で書こうと、3枚で書こうと、2枚を3分割、3枚も3分割で無意識に書いている自分を発見するでしょう。頭、胴体、手足、と分節化して対象を見る癖が、人間の無意識の美意識なのだ、と思ってください。つまり、どんなに短い文章でも、書き手にとって、3分割で書くのが、書きやすいのです。

(B) 3分割でうまく書けない場合だってあるじゃないか？

もっともです。でも、1、2、3で書けなかった場合、書けなかった命題部分をさらに分割してゆけばいいのです。1・3、1・4、……でゆくのもいいし、1・3［1・3・1　1・3・2　1・3・3］でゆくのもいいでしょう。最初は、ともかくも、1命題を1枚で書くトレーニングをすることです。

(C) 1命題1枚で書くと、たった30枚の論文に39の命題が立つ。うるさすぎないか？

私は、必要ならば、30枚の論文が、1命題を1行40字として、３００命題を立てて書く、つまり単なる命題集だっていい、と思っています。哲学者のヴィトゲンシュタインがそのように書いています。しかし、うるさいと思う人は、3命題、あるいは、12命題だけを残して、他の命題を消去すればすむことです。パソコンなら簡単ですね。命題を立てることと、論文に残すこととは、別です。

書きやすい部分から書く

論文を書くことにかぎらず、最初（はじまり）がいちばん難しいものです。論文は特にそうでしょう。それで、分割し、命題が決まったら、最初から攻めてゆくのではなく、書きやすい部分からはじめると、いいでしょう。

最初の部分（導入部、序論）は、最後に書くことをすすめます。部分からはじめると、全体のつながり、論文の展開（流れ）がぎくしゃくするのではないか、と心配する人もいるかもしれません。しかし、パソコンで書くと、どの部分から書こうと、全体がスムーズにできあがるようになっているのです。パソコンは、魔法のマシーンだと思ってください。

パソコンは機械です。創造的思考は苦手です。だから、パソコン（動作）のように考えると、機械的思考になるでしょう。

しかし、創造的思考は、パソコンを使うと、飛躍的に活発になります。創造的思考というのは、定型的思考をこえることでしょう。

「小沢」＝独裁、反憲法、対アメリカ追随、拡大軍備、というイメージがあります。しかし、パソコンの画面に、「小沢」＝自由、容憲法、対アメリカ自立、適切軍備と打ってみてください。たちどころに、正反対のイメージがわいてくるのではないでしょうか。

パソコンは、言葉（という真の創造者）が喚起する「発想」の転換を容易に実現させるマシーンなのです。

参考文献や資料は、書いた後からやってくる――

最後に、大学教授をめざし、研究活動を仕事の中心におこうという人が忘れてはならない注意点に触れておきましょう。

注意点1　書いてみる

論文は、書いてみて、はじめて、自分がどの点を説得的に述べることができたか、できなかったかが、歴然と判明します。つまり、対象に対する理解度のほどがわかります。しかも、一論文では、一テーマさえ書ききれない場合があって、当然です。かならず課題は残ります。その課題をつぎに書きましょう。一本書いた、それで終わり、の人に研究の進化はありません。

注意点2　文献・資料が集まる

参考文献・資料は、書いている途中に、特に書き終わってからも、集まるものです。もう書いた、文献資料は不要だ、と思わないことです。面白いことに、集めた文献は、かならずいつかは役立つものです。一度集めるのをやめると、同じものは二度と集まらない、と思ってください。

注意点3　発表する

論文の発表場所は、重要です。しかし、若いとき、大学院とか研究所にいる人は別として、学会誌や研究紀要に書くことは、不可能ではないにしても、容易ではありません。若いときから書く癖をつけていないと、なかなか書けないものなのです。だから、同人誌や個人誌でも結構ですから、書いたものは発表する習慣をつけてください。もちろん、発表場所いかんで、研究業績に入らない場合もあります。しかし、研究能力を拡大する、書くトレーニングにはなります。

同人・個人誌の場合、注意すべきは、独創性を狙わないことです。発表場所が私的な場合、書く対象も、書き方も、むしろ、フォーマルなものを心がけることです。どこに出しても恥ずかしくない、私的な駄弁の類ではない、というものを、です。

注意点4　自分の著作目録と著作集を作る

最後に、自分の著作目録と著作集を作ることをおすすめします。パソコンで書くと、簡単にできます。わたしたちの時代、著作集ができるなんて、夢のようなことでした。自分の論文は、最大の宝です。引用、参照はもちろんできます。

それに「初心忘るべからず」です。ちょっと書くのがうまくなって、天狗になりそうになったとき、初期の自分がどんなにまずかったか、を振りかえる戒めともなりますよ。

第8章 大学教授への〝必勝法〟

大学教授になる道は楽しくつらい

33歳、結婚して5年、3人目の子が妻のおなかにいて、11年間在籍した大学とも完全にプッツン。週4日、昼間部と夜間部で非常勤講師、哲学、倫理学、ドイツ語全部をあわせて18コマ、普通の勤務時間に直すと36時間、土曜日は家庭教師という具合に、大阪の東西南北を走り回る毎日でした。第1次オイルショックの後で、猛烈なインフレ、3年間で物価がほぼ倍。どない倹約しても、生活費を稼ぐのがやっとでしたね。

何ともつらかったのは、定職がないことで、自分自身を簡単明瞭に他者に対して紹介できないことです。「社会人」の資格がないんですね。もちろん、フリーターなどという便利で情けない言葉などなかったんよ。しかも、もっとつらかったんは、大学の友人たちが先生に声を掛けられ、つぎつぎと大学に職を得てゆくのを横目で見ていなければならないことでした。理由はあるとはいえ、私が出た研究室の先生はじめ、誰一人声を掛けてくれなかったのは、若かったから、いっそう惨めに感じましたね。

慰めは、自分で「好きで選んだ」のだからということと、「好きな勉強＝研究」を細々とでも続けることができるということ、それに、妻が少しも、ただの一度も文句らしきことさえもらさなかったことですね。

それでも、夏ほぼ2カ月、冬ほぼ3カ月の完全休暇がありました。山本晴義先生（元大阪経済大学学長）が声を掛けてくれて訳書を1冊、また、新泉社の小汀良久社長が出してみるかといってくれて、ヘーゲルの『法哲学』に関する研究書を出すことができたのは幸運でしたね。2冊とも重刷になり、印税をもらいました。どれほど助かったかわかりません。

それでも、将来の当てがまったく見えない状態で、郷里に戻らなければという思いがどんどん広がっていたとき、大学時代から政治運動仲間だった岩本勲（三重短期大学）が勤務校に引っ張ってくれたんです。どんなにうれしかったか。捨てる神あれば拾う神ありと思ったことか。

以上は私自身の体験ですが、以下は、私の体験も交えた、大学教授になる必勝法です。

●必勝法1●「先生」は自分だ

大学教授は「羊」が好きだ

大学に師がいます。大学外にも師と仰ぐ人がいます。「幸運」ですね。私には「つて」となるような有力な恩師がいない、と苦情をいう人がいます。「不運」ですね。しかし、そうとばかりはいえないのです。

大学教授のほとんどは、自分より無能な弟子を身のまわりに置きたい、という習性をもっています（ということは、悪知恵として、自分の教師の前で、少し無能なふりをするという必要もあることを承知しておいてください）。いうなれば、教師の「指導」とは「弟子」を自分の柵のなかにとどめて、従順な羊にしようという無意識をもっているのです。だから、そんな教師の指導を半分以上は信用しなくて結構、ということです。

しかし、教師が与えた「課題」くらいは頑張ってクリアする必要があるということも事実です。出されたものは、何であれ、喰ってやろうじゃないか、これが「若者」の特権、特有の力なのです。分野で多少違いますが、特定のテーマについてなら、卒業後1、2年で教師の「仕事」を追い抜くことができると思ってください。

つまり、こと研究活動においては、先生の指導は指導として受けても、時期がくるまで顕わにする必要はありませんが、自分のテーマ設定や研究スタイルは、自分で編み出すほかありません。直接の先生とは、自分が選んだ書物です。

「羊」は群れる

大学や学会でよく見られるのは、「共同」研究です。理科系や人類学関係のように、実験室やフィールドが主たるスタジオである場合は、共同研究も不可避でしょう（それでも、研究成果は独力でまとめ上げるのが通例です）。「１＋１＝３」になる場合も、もちろんあります。でも、「１＋１＝０」の場合がほとんどです。

共同研究会、合宿、学習会などは、一種の気つけ薬、カンフル剤、おつきあいだと思ってください。おつきあいを全部断ったら、いらぬ摩擦を生みます。私も長い間研究会活動をしてきましたが、ほとんどがおつきあいでした。それに、一度も発表も発言もせずに、聞いているだけの人がいます。こういう人から研究成果が出たためしはありません。不安で何をしていいのかわからない人たちが、わいわいがやがや、お互いを慰め合うために研究会をしているのだ、という場合が多いのです。

もし、あえて研究会をするのなら、その前提として、研究書を１冊書くという準備をした上で、あるいは、原稿を書き上げた上で、発表の場として利用することをすすめます。これも一種のパフォーマンスですが。

未発表の論文を作成しておく

俳優が代役で地位を築く場合がかなりの数にのぼります。同じように、学会誌などで予定の原稿が集まらないとき、教師が何かないか、と聞く場合が稀にとはいえない程度にあります。そう教師にいわれたとき、内側のポケットから原稿を数本取り出し、このうちのいずれでも、といった物理専攻の男がいました。山本義隆。大学紛争時代の東大全共闘議長でもありました。これほどではなくとも、つねに、未発表のペーパーを準備しておきたいですね。

勘違いされたら困りますが、大学という業界では「コネ」がものをいいます。しかしそれはどの業界でも同じです。他の業界よりも、むしろ実力を出しやすく、少なくともその成果を無視しないのも、また学会という場所なのです。仕事をするのとしないのとの差がこれほどつく世界、その差が見える世界は、稀でしょう。

●必勝法2●「着実」が最上

多すぎるアルバイト料は敵

大学（学部4年）を出て、10年間、これが大学教師になろうという人の「修行」時代です。この期間を、研究生活はもちろん、経済生活でも乗り切らなければなりません。

貧しすぎると研究生活を続けることはできませんが、ナイトクラブや予備校に勤めて、多すぎる稼ぎがあると、よほどガッツのある人でないかぎり、研究は名目で、「夜の帝王」になって、最悪の場合、アル中のコースを歩みます。

サラリーマンより計画的に

修行中とは、要するに、フリーです。昔なら、仕官を求める素浪人です。いつ起きて、いつ寝てもいいフレックスタイムの毎日です。しかし、そうであるからなおのこと、毎日、スケジュールどおりに生活するのが適正なのです。

私は、農民系なのか、日が昇りはじめると目がさめます。目がさめると、すぐに仕事に取りかかります。いつからこの習慣がついたのかはっきりと思い出せませんが、おそらく受験勉強のときからではなかったでしょうか。受験には二度失敗しましたが、この習慣を獲得することで、お釣りがきたように感じています。つまり、朝6時に起きて、昼前6時間をたっぷりと研究時間に割く毎日を送ってください。

なによりも着実に

やるときは猛烈に、やらないときは「あほけて」いる、これも行き方です。しかし、存外誰にでもできるのです。どんな平凡人にもできて、もっとも困難なのが、毎日同じペースを維持することです。ステッディ、ステップ・バイ・ステップですね。作家とは、毎日決まった時間机の前に座る人のことだ、といった人がいますが、研究者も同じことです。

●必勝法3●

鞄持鞄ちになる

恩師は書物だ

「先生」は自分だ、といいました。しかし、先達は必要です。その人の後をついてゆきたい、と思う人は、かならずいます。まわりにいなければ見つけることです。そういう人が、「恩師」なのです。決して、大学の指導教師ではありません。

自分（生徒）のほうから押し掛けて行くほどの先生がいれば幸運ですね。しかし稀でしょう。若いとき、手取り足取りしてくれる先生がいれば、と痛烈に思いましたが、考え違いでした。師とは、距離があるから、いい関係が結べるのです。その意味で、先生の著作が最上の教師です。先生がもう死んでいたら、著作が唯一真正の先生です。

教師に期待すること

恩師と距離をもつ、これが重要です。もう少しいえば、恩師には職業上の恩恵を求めないということです。大学の教師には、就職や論文紹介で恩恵を求めて当然です。そのために授業料を払っているでしょう。求めても、まったく応えてくれない駄目教師はいますが、そういう場合のほとんどは、生徒のほうがもっと駄目なんですね。

恩師から盗む

学びは真似から始まります。真似とは盗みです。書物からだけではなく、恩師本人から学ぶためには、「弟子」志願をしましょう。恩師のために、ただで雑用を含めて奉仕することです。見返りは、求めてはいけません。恩師のほうがあつらえてくれます。そんな見返りがなくとも、恩師から直接盗める幸運を得るのです。ああ、先生はこんな生き方してはる、先生はこんな発見をしはったのだ、という経験を得ることは、どんな見返りよりも、貴重で心躍るものです。

●必勝法4● 冬などない

でも、すべては「運」次第です。運や偶然にまかせよ、というのではありません。どんなに努力しても、すばらしいペーパーを発表しても、有力なコネがあっても、大学に定職を得ることが保証されているわけではありません。大学だけでなく、すべての職業がそうです。職業だけでなく、人生がそうですね。

10年頑張って、20年頑張って、それでも定職を得ることができないという人が稀にいます。よく観察したら、本当に稀なんです。しかし、不運ですね。運気がなかったとあきらめるしかありませんが、無念さには変わりありません。

ですが、もし充実した研究活動をおこない、充実した研究成果を発表しえた人生なら、その人生を喜びたい、というのが私の思いです。老年になって、ますますそう思えるようになりました。

第9章

大学教授をめざす人に大声で知らせたい10の裏技

「裏技」という言葉、広辞苑（第四版）には出てきません。新明解国語辞典（第五版）には「コンピュータゲームなどで、正式ではない操作方法で有利な展開をすること」とあります。

ここでは、大学教授になるための必勝法ではないが、それをわきまえていると有利な展開が生じる、わきまえておかないと予想もしない障害にぶちあたる、という意味で使います。

合格と不合格の境目にある〝何か〟が裏技である

関口存男（1894～1958）という名を知っていますか。私たちは「ぞんだん」といっていましたが、正しくは「つぎお」です。英語は齋藤秀三郎（1866～1929）、ドイツ語は関口存男といわれるように、ドイツ語（教育）の大天才です。私たちも関口著のドイツ語テキストで存分に苦しめられました。いえ、お世話になりました。

その関口先生がいうには、肉体労働の価値（価格）は量（労働時間や出来高）で決まる。知的労働の価値は「何か」（漠然たる目に見えない、手に取れないもの）で決まる。

59点と60点の差は、量的にはわずか1の違いですが、一方が不合格で、他方は合格点とすれば、両者は天と地ほど異なります。つまり、知的労働ではプラスアルファの「働き」（努力、気づかい）をするかどうかが勝負の決め手だ、ということです。

関口先生のいうとおり、この「何か」（サムシング）があるかどうか、が予想外に重要なのですね。ここで「裏技」とは、このサムシング（ドイツ語ではエトバス）に相当すると思ってください。

まずは周囲に対する対応を誤らないように気をつけろ

●裏技1● 敵を作らない

大学教授の世界は、他の社会と同様に、シット（嫉妬）の渦巻く社会です。無競争な平等社会ですから、なおのことシットが激しくなります。裏に回れば足の引っ張り合いは日常茶飯事です。もちろん悪口、罵りに事欠きません。つい学生や弟子たちにもその雰囲気が伝播します。

人間誰しも、ほめられて気分の悪いことはありません。悪口を言われて、それが当たっている場合でも、いいえ、当たっていればいるほど、気分が悪いことはありません。人事の推薦や選考において、実質がほぼ同じだとするなら、自分に好意をもっている人物のほうを優先するというのは人情でしょう。

「面従腹背」というのは、どんな人でもいちばん嫌う行為です。そんな大げさなことをいわなくとも、陰に回っての悪口ほどいやなものはありません。しかし、陰に回った悪口ほど一種独特の溜飲が下がるおもいのするものはありません。大学院生などの大学教授予備軍が安酒を飲んで、先生や同輩、年下を罵るすさまじい場に何回も出くわしたことがあります。

しかしどんなに憂さを晴らす行為であっても、悪口はかならず漏れます。悪口を放った相手の耳に届きます。しかし、逆に、賞賛も相手に届きます。ですから、ゴマをする必要はありませんが、最低限、敵を作らない、潜在的敵を減らす工夫はつねに心がけておくべきでしょう。

●裏技2● 指導教授のワークス（研究業績）の上に自分の成果を積め

自分がめざしている研究課題が指導教授のフィールドと異なる研究者によく出会います。学問も日進月歩ですから、異なって普通かもしれません。しかし、最初から指導教授とまったく異なった研究課題を設定すると、決して小さくない意味で損をします。

学ぶというのは、「真似る」ことからはじまります。どんな独創的な研究でも、最初はコピーからはじまったとみていいでしょう。自分の目の前にいる教授が「開発」ないしは「蓄積」した成果を学び、吸収するのはまっとうな行き方なのです。

それに、指導教授の研究がどんなに貧弱であっても、否、貧弱であればあるほど、それをふまえた研究成果を発表することは、困難ではありません。もちろん、教授は大いに気分をよくするものです。

「師」とは、本来の意味でいうと、職業上の、組織上の上司や監督者のことではありません。「師」を選ぶのは「弟子」です。弟子あればこその師なのです。自分の仕事をわずかでも受け継ぐ弟子がいるということを発見して、喜ばしくない教師はいません。

むしろ若いときは、指導教授の手足になって、お節介にならない程度に教授の後押しをする役を担ったほうが、自分の学問も進むという場合があります。それに、晩年に自分になじんでくれる若者ほど老人にとって励みになるものはないのですよ。

もちろん、これらとゴマをすったり卑屈になることとは違います。ゴマすりや卑屈さは、その相手を寛大にさせるよりも、そうされて当然という態度を生むものなのです。奴隷扱いを受けるのが落ちです。

●裏技3● 周囲の研究者の論文を読む

自分一人の研究で手いっぱい、他人の、それも参考にもならない周囲の教授、先輩、友人、後輩の研究論文など読む暇などない、というのでは大いに損をします。

名前ばかりは大学教授ですが、研究論文を読むと、大部分がゴミ以下のものを書いているということに気がつきます。それに気がつかないようでは、あなたの研究者としての資格はないと思ってください。こんなゴミを読むのは時間の無駄、気分を悪くするだけだ、というのではいけませんよ。

大学教授というものは、たとえ名のみだとわかっていても、プライドだけは持ちあわせていて、自分の論文が読まれ、仕事が評価されるのを、切望しているものなのです。そういう教授の論文を、若手のなにがしが読んでいる、あるいは、評価していると知って、うれしくないわけがありません。

もし、論文を贈られたら、直ちに読んで、少しでも評価できる箇所を指摘することで十分ですから、お礼の言に添えるべきでしょう。もちろん、批判などはする必要はありません。まずい饅頭を、まずい、と念押ししても、うまくならないでしょう。

それに、たとえゴミクズのようなものでも、読むと、自分を取り巻く人たちの研究水準がわかります。自分がどの程度の水準のものを書けばベターなのかがおおよそわかります。私は、40代のなかばまでは、自分の近くにいる研究者の論文ばかりでなく、図書館に陸続と集まってくる全国の紀要類を、週に一度の割合で、片端から目を通していくことを習慣にしていました。主として、参考になる研究論文を見いだすためというよりは、ライバルになる若手の研究者を捜すためでしたが。

つまり、100編読むと1編くらいはまともなものに出会います。これをロスと考えるのか、研究途上で支払われるべき必要経費と考えるのか、であなたの研究者としてのかなり大きな部分が決まります。

少しだけいいますと、ビジネス界から入ってきた教授たち、その予備軍たちに欠けているのは、このロスをあえてするという癖をつけてこなかったため、自分の仕事以外のものから学ぶ（真似る）という習慣が少なく、書かれた論文に魅力がないことです。有り体にいえば、文章として体をなしていないものがほとんどだということです。内容上では、独善一歩手前、というのがやたら目につきます。

誰にでも可能な研究業績のあげ方

かつてであれ、これからであれ、大学教授になろうとするなら、研究論文を書くことができなければなりません。これは誰もが承知していることですね。論文をどう書くかは、先に述べました。

大学院のように指導教授がいて、その指導下で論文を作成、発表する場合はまずいいとして、大学外の社会人が論文を作成するのは、思っているより難しいことなのです。

●裏技4● 研究誌を作れ

「大学教授になりたいのですが」

「研究論文はありますか」

「発表の場がないので、まだ書けていません」

こういう場面にしばしば出会います。発表の場があれば、書く、というのはちょっと以上に太いと思いますが、まあそれはいいでしょう。たしかに、発表機関がない、わからない、というのが研究論文を作成しようとする場合の大きな難所に違いありません。

普通、研究論文発表機関として学会誌、大学や研究所の紀要（研究活動を内外に示すために出す定期刊行物）、業界誌等があります。しかし、学会誌はコネがなければ掲載は難しい。紀要は帰属する大学や研究所の研究発表の場です。もちろん例外はありますが、なかなかやっかいです。人間関係次第なのです。

業界誌や社内誌で発表されている論文のテーマや叙述の仕方が、学問上の研究論文として適格性を欠く場合が少なくありません。産業や企業の営利目的の下に書かれる論文（エッセイ）が、ただちに学会の論文として通用しないというのではありません。主要な問題は、内容ではなく、テーマや叙述法にあります。

「トヨタと日産の乗用車は、どちらがお買い得か?」などというテーマは、研究論文と認められません。しかし、「トヨタと日産の車に見る技術比較」というのなら、立派な研究論文のテーマたりうるでしょう。

では、しかるべき発表機関を得ることが難しいとしたら、どうするか。

発表機関がなければ、自ら作る、主宰して研究誌を発行するといいでしょう。もちろん、金はかかります。でも背に腹は代えられません。それに、研究誌を出すのに、思っているほどの金はいりません。個人誌ではなく同人誌なら、もっと負担が減るでしょう。

体裁は立派である必要はありません。重要なのは、最低でも年1回の定期刊行にすることです。どうしてか? ですか。それくらいは自分でお考えください。

●裏技5● 有力者を顧問にせよ

研究誌には、研究会(society)が必要です。個人誌の場合だって同じだと考えてください。研究会は研究発表会(meeting)を開きます。ミーティング自体も発表(reporting)の場ですが、研究発表の成果(paper)を研究誌に載せる、というのがノーマルな行き方です。

研究会や研究誌で重要なのは、ある種の「権威」です。発表した研究会が有象無象の集まりだという印象を与えたら、それだけで論文がカットされる理由になります。重要なのは内容だ、というのは本当だとして、書類選考の段階ではねられては、元も子もないでしょう。それで、しかるべき人に「顧問」(adviser）になってもらうのです。権威主義は警戒していいでしょうが、権威をないがしろにするのは間違いです。

梅棹忠夫さんが『知的生産の技術』（岩波新書）という本を出すと、すぐに「知的生産の技術研究会」が出来、梅棹さんを顧問に据えています。まあ、こんな大げさなことでなくとも、自分たちの研究領域に関連する有力な研究者を顧問にお頼みすることは、考えているほど難しくありません。アタックしてみてください。もし、そういう人を得ることができなければ、自分の出身校の先生で十分です。問題は、いんちきくさい研究会という印象を排除することです。

●裏技6● 〝裏付け〟はしっかり

研究生活が好きだからこその大学教授ですね。好きなことには黙っていても熱が入ります。ところが、研究論文が書けない、と頭を抱える人がいるのです。技術的なことではなく、内容上のことで書けないというのであれば、これはもう教授不適格者に違いないと思ってください。

むしろ問題は、ちゃんとした指導教授がいない場合、研究が好きで好きでたまらないため、病膏肓《やまいこうこう》に入る、という方なのです。研究が好きでたまらないという人の研究は、煎じ詰めれば、二つの方向に向かいます。

一つは、気宇壮大というか、全宇宙をこの手に抱え込まんとするようなテーマ設定です。

二つ目の方向は、蚤取り眼さながらに、重箱の隅を突っつくような行き方です。

どちらも独りよがりでマニアックになりがちで、研究論文の体をなすことは稀の稀です。個性的というか、恣意的趣味的段階で終わってしまうことでしょう。

研究論文は、たとえ最先端の問題を扱おうとも、学説史的裏づけのある書き方をしなくてはなりません。先行する研究を継承するか、批判するかにかかわらず、先人の研究をふまえるという態度が必要なのです。

したがって、研究業績のなかにかならず一本は、学説史研究の色彩の強いものがあるのがいいのです。学説史とは、先行する研究の遺産ということで、あまり大げさに考える必要はありません。自分が研究する課題は、すでにどこまで解決をみているのか、どこが新たに考究されなければならない問題なのか、を明らかにする作業なのです。これには独創力は必要ではなく、時間と手間さえかければ、誰にでも可能なのですよ。

学説史的裏づけのない論文は、どんなに優れているように見えても、めずら説の類か、せいぜいよくて、先行論文を無知ゆえに「剽窃」したということになります。気をつけてください。

研究活動以外の種々の条件整備も怠らないように

●裏技7●

配偶者の選択を誤るな

最後に、副次的に見えるかもしれませんが、研究者になろうという若い人にとって非常に大事な点にふれたいと思います。

大学教授は教育と研究が本業です。もし、家族が、特に〝つれあい〟が、教育活動は別にしても、研究活動に理解がないと、非常な困難を抱え込むということになります。

「子供に勉強部屋は必要だ。あなたの研究室（書斎）は我慢して」

「書物は腹の足しにならないでしょう。本は図書館で借りて」

「今日の研究会はよして。休みの日くらい、子供の面倒をみて」

「ちゃんとした定職をもって、その上で余裕があれば勉強して」

などといわれたらどうします（この場合、つれあいを女性にしていますが、とりあえずのこととしてです）。ところが、これが案外に多いんですね。

実際、大学教授なのに、家に研究室をもっていない人はたくさんいます。書物や資料の購入費が、大学から支給される研究費の枠をでない人も多いし、家事や育児にかなり多くの時間をとられている人もいます。これでは、それでなくとも大変な研究に精力をそそぎ込むことはできませんね。

大学教授になろうとするなら、つれあいの理解と援助が必要なのですよ。研究は本人がするのだ、ではすまないことになるのです。

研究者になる過程も、なってからも、生活は満足のゆくものではありません。費用も時間も研究に奪われます。もし家庭をもとうということになって、「恋人（私）をとるか、仕事をとるか」といわれたら、躊躇なく仕事＝研究をとる、といえなくてはなりません。恋人の質問自体が間違っているのですから、これ以外に答えはないのです。もっとも、あなた自身の研究姿勢がまるでなっていないのなら、恋人の質問にも一分の理はありますが。

高収入を望むのなら、研究者などをめざすのは愚の骨頂です。やめなさい。しかし、家族ができます。配偶者と共同で家計を、研究費をまかなわなければなりません。生活費をあなたが自分で主としてアルバイトで調達できる能力に欠けていると、配偶者からの愚痴が、不満が、反乱が飛び出します。そういう愚痴や反乱を訴えない配偶者を選ぶことです。難しそうですか。そうではありません。答えは自分で考えてください。

●裏技8● 両親に堂々と援助を乞え

大学教授になるのには、時間がかかります。何度もいうように、平均して、大学卒業後10年間の準備期間が必要だ、と考えてください。すでに就職している人でも、超人的な体力に依拠して、やはり10年以上の「準備」期間が必要になります。

いずれの場合も、時間と資金が必要になります。大学、大学院と研究生活をすすめる場合も、就職しながら勉強を続ける場合も、日常生活費はもとより、研究費が必要になります。最低でも、生計費と研究費の割合は、五分五分だとみてください。単身の場合か、つれあいがよほど理解ある場合は別として、この10年間の生活は、資金の面からいえば明らかに赤字なのです。

私の場合、定職を得る前も得てからも、単発的にでしたが、両親や妻の実家がしばしば援助してくれました。妹からはかなり大きな金をプレゼントされたこともあります。一昨年、20年ぶりに妹に返すことができました。ほっとしましたよ。

両親を頼る、これは「自立」した人間のすることではありません。しかし、有期限で補助的に、いってみれば奨学金のような形で、一定額の援助資金を仰いで、研究資金を補塡する程度のことはしてみてはいかがでしょう。限度をこえたアルバイト等で時間と体力を奪われることを回避するのは、得策というより、好ましい選択でしょう。もちろん、援助資金は、プレゼントといわれても、後で、返すのがいいのです。研究者になる志を、堂々と両親に話し、援助を仰ぐというのも、立派な生き方の一つではないでしょうか。

●裏技9● 頭の休息には本を読め

研究活動、とりわけ論文執筆には集中力の持続が必要です。精神的にくたくたになります。処女論文の場合、その精神的疲労＝緊張を解きほぐすには、書くために要した日数と同じだけのものを必要とする、と考えてください。これを逆にいうと、もし処女論文を書いて、すぐに緊張が取れたとするなら、あなたは、よほどの天才か、精神的集中のないいい加減な論文を書いたことになるでしょう。

研究活動で生じるストレスは、研究活動をしない人にはわからないものです。だから、誰かに当たっても仕方ありません。自分でほぐすしかないのです。では、どうするか。

プロがアマと違うのは、つねに仕事が頭から離れない、ということにあるといっていいでしょう。私は、ストレス解消に、いちばん簡便な酒とTVを用いていますが、飲み屋で酔っぱらって記憶を失う以外は、仕事のことが頭から離れません。

研究のプロ、プロの予備軍にとってもっともいいストレス解消法は、意外や本を読むことなのです。もちろん、専門外の本で、いわゆる雑書というやつです。筋肉の緊張をほぐすには、別な運動で筋肉を使うのがいいように、ここでも読書なのです。軽い読書ですね。それに、雑書は、専門ではうかがい知ることのできない、未知の世界の扉を開くだけでなく、専門を深める触媒になることだってありますよ。

●裏技10● 生活は規則正しく

大学教授になる途上は、物心両面において、不安定になります。生活が不規則になるのは最大の敵です。さらに、どれほど緊張を強いられるからといって、精神安定がはかられないと、家族（単身）生活にゆがみが生じます。

家事に時間を割くことは研究の敵だ、というのが私の持論です。しかし、若いときから、自分から進んでやる料理や食事の片づけ、食材の買い物等の習慣は、過重な時間負担を伴わず、生活にリズムを与え、精神安定に好条件を与えるのですよ。お試しください。

第10章 買い手市場で、最初の就職口を得るための心得は？

なぜ定年は東大60歳、京大61歳だったか――

自死した文芸評論家の江藤淳は、東工大から母校の慶應大学への転出をよほど喜んでいました。ところが、その慶応を定年を残して辞め、大正大学に移りました。その理由のひとつは、慶応の定年が65歳だったからです。江藤のような有名人でも、定年前により長い定年制を敷く大学があればそちらに移るということがあるのです。純経済的理由ですね。

ところが、東大の定年は60歳で、京大が61歳でした。他の旧帝大（戦前の旧制の大学令による国立総合大学）が63歳、戦後生まれの新制大が65歳です。なぜわざわざ東大や京大が内規で定年を早めたのか知っていますか。

東大を辞めても、その権威で他の大学への転身が簡単だったからです。大学院や大学、学部、学科の新増設に際して、東大や京大の教授が中心メンバーに含まれると、文部省の設立認可が簡単である、と考えられたからです。

それに、大学の「格」をあげるために三顧の礼をもって東大・京大教授を迎えるという風潮もありました。まあ、稀少価値だったのですね。それはもう東大教授というだけで威張りくさっていたものです。

実際、私が卒業した大学に、東大定年後、京大、阪大と渡り歩き、人間科学部創設に力を尽くし、後に私立大学に移った有力教授がいました。

この事情は、地方の旧帝大をはじめとする有力大学教授が、定年後、新増設の地方大学や学部へ転職する場合でも、同じでした。さしたる業績も教育能力もない教授が、「私の大学では……」と権威を振りかざすように前任校の例を引き合いに出すたびに、同僚は鼻白むということがしばしばでした。

ところが、90年代に入って、多くの私立大学はよほどのことがないかぎり、東大や京大の定年組を一様には歓迎しなくなったのです。

第一の理由は、東大教授、京大教授の権威がインフレしたからです。大学教授が「象牙の塔」の住人だと考えられていた時代、東大・京大教授は雲の上の住人でした。ところが、資本主義の市場経済は、マルクスがいったとおり、あらゆる権威からその後光をはぎ取るのです。大学も教育研究サービスを売買する自由市場経済の時代に突入したのです。

大会社でばんばん仕事をしていた人が、独立したり子会社に移って、自信満々だったのに、ほとんど成果をあげることができず、「名刺」で仕事をしていた、ということを悟ったときは後の祭りだった、という例をいくつも見てきました。同じことが東大・京大教授にも生じたのです。

むしろ、権威にあぐらをかいてまともな研究教育活動をおこなわなかったというのが大部分の東大・京大教授の実相だ、ということが業績等が表沙汰にされたり、実力で仕事をする時代になって、つぎつぎに明らかになりました。

いまいちばん再就職先で困っているのは、定年の早い東大や京大の無能教師ではないでしょうか。

それで、東大や京大では、定年の延長という切実な要求に耐えきれず、延長をすばやく決定し、実施に移しはじめています。定年規定は内規ですから、学内で勝手に決めることができるのです。

もちろん、東大や京大が率先してやるのですから、東工大や阪大も追随すること間違いありません。
第二の理由は、大学設置基準が大幅に緩和・自由化されたことです。文部科学省は大学・大学院、学部、学科等の新増設をどんどん認可しています。これは、少子化で受験者数が減り、大学倒産が現実化した現状とは、矛盾しているのではと考えられるでしょう。

この文部科学省の行き方は、要するに、大学にも競争原理の導入を認めたことでしょう。買い手（学生）に有利なサービスの時代にふさわしい、文部科学省なりの対応だとみていいでしょう。文部科学省が大学を丸抱えで監督、管理、保護してゆこうという時代から、リストラのない大学は倒産する、倒産してもいい、という方針への転換です。

最初の就職口は腰掛けでもいい。しかし腰掛けでは懸命に仕事をすべし

私は、最初の就職口である大学を選ぶな、といってきました。口があれば、特に招きや推薦があれば、どこであれ、ひとまずはそこに腰を落ち着けることをすすめてきました。私自身がそのようにしてきました。もちろん「便宜」という意味もありますが、本質はこうです。

重要なのは、そこがどこであれ自分の職場で存分な働きをし、その職場に必要な人間になることを第一にすべし、ということです。教育研究両面でがんがん成果をあげることです。学生に対する教育サービスを第一にすることです。

この面で、旧帝大の教師たちがおこなっている教育研究は、私の目から見れば、ずいぶん変化しましたが、大部分は教師本位（恣意）のものにとどまっている、といっていいでしょう。サービス業にふさわしい教師は稀です。

しかし、就職したからにはそこで骨を埋めようと考えるのは貴重ですが、自分の教育研究活動

をより高く評価してくれる大学があったら、進んで転出することをすすめたいと思います。もう少し露骨にいえば、自分の職場でいい業績をあげるのは、その職場のためでもあるが、基本的には、自分がより働きやすい職場を見つけるためのものでもあるということです。真の意味の教師本位とは、こういうものではないでしょうか。

腰掛けに就職するとは、一時しのぎのいい加減な仕事をするということではありません。逆でしょう。より環境のいい職場を見いだすためには、いまの持ち場で存分に活躍して、内外の評価を高める、ということをおいて他にありません。

任期制を回避しない。むしろチャンス拡大として歓迎すべし

国公立大学が独立法人化されます。採用人事にもどんどん任期が明記された契約制が導入されます。まして、生き残りをかけた私立大学では、遅かれ早かれ任期制が普通になるでしょう。教育サービスの自由市場が一挙に広がるわけです。

かつてのように、どんな形式であれいったん大学教師に採用されたなら、エスカレーター式に昇級してゆき、定年まで安閑としていられる、というシステムはやがて大学からは消えてゆくことになります。

大学教授をめざす人にはとんでもない事態が生じた、と考えている人も多いでしょう。でも、

大学もようやく普通並みに市民化されたということでしょう。私はこの事態を歓迎しています。

アメリカの大学の活況を見てください。州立、市立大学とはいえ、設立母体を示す名称であって、運営は私立大学と少しも変わりません。若手教師のほとんどは、任期制の採用です。業績（教育と研究）によって、任期の再契約が決まるのです。仕事をどんどんしたい人にはむしろ歓迎すべき制度ではないでしょうか。

第一、採用、転出のチャンスが多くなります。もちろん、自分の「身分」が不安定になるということは否めません。しかし、不安定とは、変化の別な呼び方でしょう。大学教授にも、サラリーマンという性格とともに、フリーランサーという生活が加味されるということです。自分の教育研究成果を学生や同僚に問うだけでなく、広く社会にアピールし、実用に役立てるということも、大学教師としての普通の生き方になります。

しかし、アメリカでも、任期契約ではなく終身在職権（テニュア）を得ると、研究教育活動が停滞するという現象が目に余る、と指摘されています。私は、任期制は、若手教師には10年くらいを限度にしてできるだけ長い契約期間にし、一定の業績をあげることができるはずの45歳過ぎからは、任期をうんと短くする方式が、大学に活気をもたらすと、以前から主張しています。

大学は学生と企業の買い手市場に変貌する

これまでの大学は、学生を選抜してきました。受験、定期試験、成績評価、就職斡旋等々、教育研究サービスを提供する大学と教師の売り手市場でした。

しかし、21世紀は買い手市場の社会が続きます。大学も例外ではありません。学生が大学を選びます。教育サービス、教師の質と量、環境や施設の充実度、就職先等の良否が、志望を決める因子になります。

企業でも、大学受験時の成績で決まる「大学歴」で学生を採用する方式から、学生にどのような教育サービスを与え、一人ひとりの学生をどのように養成してきたかで採用を決める能力本位の方式に変わります。

したがって、大学は、学生や企業の「評価」にかなわない方式を墨守していると、確実に両方から見放されます。私は、学生や企業をはじめとする第三者機関による大学評価、教師評価は当然だと思います。

市場経済では、売れないものはどんなに良質を誇っても、「ゴミ」として処分されます。売れないから、直、ゴミといいたいのではありません。いいものをきちんと評価してもらう努力をする必要があるということです。

従来の大学が、授業料にふさわしいサービスを提供しなくとも、社会の要請にまったく背を向けていても、経営が成り立ち、教師に生活費が払えた、などという「特別」ぶりは、売り手市場の経済が普通だったからであって、大学が経済法則の外にあったわけではないのです。

どんどん仕事をし、評価を得て、働きやすいところを選べ

私は、人間にはいろんな生き方があっていいと思います。いろんな生き方を許す社会がいい社会だと考えます。

アメリカは、自国中心主義であり、貧富の格差があり、人種差別があり、治安が悪く、麻薬と犯罪の社会です。そんな社会に住みたくないですね。私もそう思います。

でも、それは一面でしょう。アメリカのよさは、なによりも、チャンスの多いことです。選択肢がたくさんあります。意欲のある人にとっては好ましい社会に違いありません。

人間のもっとも大きな幸福感は、自分の好きな仕事を心おきなくすることができ、それが相応に評価され、より自分の望むべき仕事へと拡大してゆく道が開かれるということではないでしょうか。

あなた方が就職先の大学を選ぶとき、旧来のランクによってではなく、あるいは待遇のよさによってではなく、自分の仕事がどんどんできるところ、その仕事を評価してくれるところ、つま

りは競争の潜在能力の高いところを選ぶことをおすすめします。バロメーターは、任期制と評価の第三者機関をもっているかどうかでしょう。

そういう活力ある教師のいる大学に学生が集まります。良質の学生が大量に集まるところに学問の花が咲きます。

第11章

大学リストラの時代が訪れた、新規参入組には最大のチャンス！

大学教授になると、研究活動ができなくなる？

教育と研究を志すことと、大学教授になることとは、いちおうは別のことです。そう思ってくれないと少し困ります。

大学教授にならなくとも教育研究に励むことはできます。大学教授になったら、心おきなく教育研究ができるかというと、逆の場合がしばしばでしょう。いえ、むしろ大学教授になったばかりに、教育研究に一途に励むという「気概」がくだけてしまうというのがほとんどの場合です。

「私は別だ、大学に就職し、一定の研究条件と時間的余裕を確保できれば、存分に自分の研究に邁進できる」と思い、言明している人は、99％「邁進」も精進もしない、と考えて間違いありません。

というのも、研究は、時間があったらできる、という性質のものではないからです。時間がなくとも、いえ、時間がないからこそ、その貴重な時間をそれがなくては生きるかいがないと思えるほど大切な研究（だけ）に回そうという人（だけ）がまともな研究をする、というのが通則なのです。いえ、そういう切実な思いに駆られた人の大部分も、実際は、まともな研究をすることなく終わる場合がしばしばなのです。

時間がなかったら存分な研究ができないということはありますが、時間があれば些細な研究にも手が回らないことがあるというのが私の見聞する大学教授の一般生態です。これは大学教授にかぎらないでしょう。

動機を再確認しよう

あらためて確認してください。なぜ大学教授になろうとするのか、と。

私は、どういう動機で大学教授になろうとしても、それはいいと思っています。

①研究と教育に心おきなく没頭できる環境を得ることができる。

②週休3～5日。夏、冬休みがたっぷりある。留学もできる。時間的余裕がある人生を送ることができる。

③定年が遅く、体力を要せず、高齢まで安定した地位を確保できる。

④弱肉強食のビジネス世界とは違う、競争原理一辺倒ではない、より人間的な世界が大学にはある。

⑤教えることが好きだ。学生に私の情熱をぶっつけたい。
⑥大学教授には社会的ステータスがあり、医者や弁護士同様、世間体もいい。
⑦言動に関して個人的自由がより多く保証されている。一種の自由人として生きることができる。
⑧苦労して育ててくれた両親、あるいはつれあいが喜ぶ。
⑨小説家も駄目だった。評論家は無理だった。ジャーナリストでは中途半端。フリーランサーはしんどい。でも、語るのが好きだ、書くのがいやじゃない、大学教授には語り書くチャンスも、暇もある。

まだまだありますが、いちおうアトランダムに拾い上げてみました。どうです。心当たりがありますか。

少しコメントをしてみましょう。

大学教授には、研究費も休暇もないと思いたい

大学からもらう給料は「生活費」です

大学から出る給料は基本的には家族（単身者でも同じ）のものです。それ以上のものは入っていません。なるほど、定職に就くと、個人研究室（都会では共同使用が多い）と個人研究費（月5万円程度）は支給されます。ただし、理系の場合は別として、大学の研究室で、大学が与える

諸費用や諸施設を使ってやる範囲の研究活動で、あまりまともな成果に出会ったことがありません。

大学が支給する給与＝生活費全部を自分の教育研究活動に使うことができる人なら、ある程度、教育研究活動に埋没することができます。そうでない人は、研究費を自分で稼がなくてはなりません。体力が必要です。時間が奪われます。それに、中途半端な額しか稼ぐことができませんから、たいていはいい加減な出費で終わってしまいます。結果、研究費を稼ごうとする活動が、ますます研究活動から遠ざけることになります。

私の場合は、いまの勤務校に来て、はじめて家族がまがりなりにも生活するにたる額を得ることができました。それまでは、非常勤講師と家庭教師で、家計費と研究費をまかなわざるをえなかったのです。41歳のときです。その点で、現在の勤務校に十分感謝しなくてはならないでしょう。

長期間「休み」があるというのも考えもの

「仕事」は習慣の力によって持続するのです。長期間の休みがあると、よほどしっかりした計画や、締め切りのある注文仕事がないかぎり、「休む」習慣だけが身について終わってしまいます。休む習慣というのは怠惰と同じことです。「ゆとり」などという美しい言葉を使う人がいますが、私は「ふはい」といいたいと思います。「発酵」にいたることのない「腐敗」です。

大学の授業以外の時間を、教育研究のために使うきちんとした人生設計をもとうとしないかぎり、気がついたら、ただの中身のない中途半端な遊び人と化している、という場合がほとんどです。

いい仕事をしている先達、若い人に共通しているのは、機械的に仕事を持続して、ガッと短い休暇を取ることです。彼らは決して、ガッと仕事をして、長い休暇を楽しむというタイプではありません。

私は、注文があろうとなかろうと、一年に最低一冊は本を書こう、というのでやってきました。それで、酒が好きだったというより、ハードな仕事をした後、心身をほぐすためにと飲酒を習慣とするようになりました。30代のなかばからです。それが緊張した心身をいやすもっとも簡便な方法でした。これは成功したと思います。ほんの短い「休暇」ですんだからです。でも簡便さには落とし穴がありますね。20年以上続けていると、やはり酒の毒が回ってきたと感じます。しっかりした対策を講じなくてはならないでしょう。

任期制と独立法人化で東大はますます強くなる

大学教師の定年は、70歳でもいいというのが私の考えです

70歳定年は、決して長くありません。定職に就くのが会社よりほぼ10年遅いということもあり

ます。

しかし、定年ということと、定年まで在職できるということとは違う、という世の中になってきました。

一つは定年の廃止です。もう一つは任期制です。おそらくこれまでのように、すべての教師に一定年限までポストが自動的に保証されるというシステムは姿を消してゆく、といっていいでしょう。それに任期制を大胆に取り入れた大学だけが、学生と社会の要求に応じることができる教育サービス部門として生き残ってゆくことができるでしょう。

任期制とは契約制のことで、本当に必要な教師には長い年限の契約を、臨時的役割を望むときには短期の契約をと、かなりバラエティのある雇用システムのことです。任期制が導入されると教師の地位が不安定になる、という人がいますね。

でも、一度就職したらエスカレーター式に昇給昇進し、よほどの瑕疵がないかぎり定年まで地位の変更がない、ということほどおかしいことはない、と考えるほうが正常でしょう。

国立大学の独立法人化は早晩実行に移されると考えて間違いありません

考え違いをされては困りますが、大学教授の任期制、あるいは国立大学の独立法人化や民営化は、これから大学教師になろうという人の希望を砕いたり、進路ふさぎになったりはしないということです。まったく逆で、新しい才能を大学の中に引き入れる呼び水になると思います。

人事の入れ替え、交流が激しくなります。もちろんふるい落とされる部分もでてきますが、どんどん新しい血の流入が可能になるのです。清新な新人、経験深い老練の教師を獲得できず、旧人事で自足していたり、コネや大学閥で人事をやっている大学は、簡単にそっぽを向かれます。そのもっとも極端な例が予備校です。

その点、東大、京大は、この大学の曲がり角をもっともすばやく、えげつなく回りおおせて、過去の「栄光」を最大限利用して、大躍進をはかろうとしています。東大も京大も、この際、第二東大、京大とでもいうべき学際的な巨大学部を作る計画を漏らしています。

おそらく、大学格差（ランキング）に準じるような形で、全国立大学で一律となっていた学費にも変化があるでしょう。東大がいちばん高くはならないでしょうが、ガーンと上がるかもしれません。それでも東大には学生が殺到するでしょう。極端にいえば、そういう光景が生まれます。

ですから、弱小大学は本腰を入れて新しい戦力を導入しないと、アウトになります。給料が半減してもやっていけないところがでるかもしれません。

任期制は大学教授志望者の福音となるか？

給料ではない。教育研究がしたいという人にはいい時代がやってくる？

いままで、大学教師の待遇は、日本の社会習慣上、いくらかのでこぼこはありますが、横並びでした。同年齢で、1億円もらう人がいて、300万円しかもらえないというほどの格差はなかったでしょう。せいぜい、1500万円と800万円程度の差ではなかったでしょうか。でも、これからはそうはいかないでしょう。10倍の格差は生まれるのではないでしょうか。私は、それでいいと思います。

教えるのが好き、研究する場所があればいいという教育研究一筋の人や、専門知識や技術の修練の成果をじっくり若い人に伝えたいという高齢者にとっては、給与が第一問題ではないからです。問題はポストが空いているかどうかでしょう。

思い出しますが、私が最初に就職した市立短大の初任給は、大学出の初任給より少しまし、という程度のものでした。でも、ともかくも教育と研究に専心できる拠点ができた、という喜びには代えがたいものでした。給与の点は、がんがん仕事をすればいずれはついてくるだろう、という淡い期待にすぎなかったといっていいでしょう。

大学は清新な人やベテランを待っている

以上のことを私は、これから大学はきつく、つらいところになるよ、という老婆心からいうのではありません。これからの大学は才能を求めます。才能の新しく集まるところ、活気が集積します。生きるエネルギーがあふれます。大学の再創造（リストラ）の時代に、あなた方の人生をぶつけてみませんか、こう私はいいたいのです。

第12章

意外や意外！　転職組は「教養」に欠けている

昔の教師は教養がなかった――

ベトナム戦争の真っ最中でした。

〈南ベトナムの副大統領グエン・カ・オキが専用機でしばしば日本に飛来する。もちろん秘密裡にであって、理由は、元女優である美貌の夫人のご乱行を止めるためである。この軍人あがりの副大統領を暗殺できたら、南ベトナムのサイゴン傀儡政府に対して、壊滅的打撃を与えることができる。私が若ければ、決行するのだが〉

私たちにカント哲学を熱心に教えてくれるT先生（助教授）は、私的な集まりで、酒が入っていましたが、何度も私たち学生を前にして、こう真剣かつ諄々と説くのでした。

第一に、ベトナム戦争の捉え方が間違っているでしょう。「小国」の北ベトナムが被害者で、「大国」アメリカが侵略者、その大国に追従する権力亡者がサイゴン政府、であるという捉え方です。しかし、この意見は当時の「常識」でした。

第二に、副大統領を暗殺したら、という意見は問題をあらぬ方へやってしまう暴論というより、幼稚な意見といっていいでしょう。これをまともに聞く人はいなかったと思います。

しかし、第三に、このようなラディカルな意見は、ラディカルというだけで歓迎される時代でした。

「大国＝侵略者アメリカはベトナムから出てゆけ」という「世論」（新聞）が喚起した謬論を、間違った手段で糊塗し、ラディカルに押してゆくというのが政治意識の先鋭な持ち主の典型でした。大学も、講義という形で反戦反米「演説」をする舞台となったことがしばしばあったのです。私もその弊をおかした一人でした。

〈アメリカ軍を頭から「悪」と決めつけるベトナム反戦運動のキャンペーンには、同意しがたい。したがって、校舎内で反戦キャンペーンのための展示会を開く許可を与えることはできない〉

デカルトの「ボンサンス」（良識）を基軸に哲学概論を講じたO先生（教授）が学部長のとき、学生自治会の代表を前にしてこういいました。

当時の私たちには、O先生の見解は、世論を無視した、物事の本質を見ようとしない事なかれ主義、微温的で保身的なものと映りました。

いまベトナム戦争を振り返ってみれば、どちらの先生の意見が比較して正しかったかは、明白でしょう。

二人の先生の相違はどこからきているのかを考えてみてください。私のみるところ、「常識」の違いではないでしょうか。「教養」といっていいと思います。広い歴史経験の視野に立ってみると、「世論」という「常識」にもとづいた性急な物事の解決法が、実際の解決を遅らせ、事態をあらぬ方向に押しやるものです。

学問への好奇心は、雑学によって深まる――

大学の教師に求められているのは、オリジナリティと称されるかなり偏屈な専門性です。同時に、誰もが持ちあわせていなければならないのは、健康な常識（良識）で、教養といっていいでしょう。

T先生にも、O先生にも、哲学研究上のオリジナリティはありましたが、T先生には教養が欠けていたのではないでしょうか。私もそうでした。いまの私にはそう思えます。

これは非難していうのではありません。じつは、O先生のような態度を持した人は本当に少なかったからです。世論の常識ではなく、歴史経験によって説明可能な常識の持ち主は、大学といわず、ビジネス世界でも本当に少なかったのです。

大学の教師には常識はずれが多い、といわれます。しかし、私の観察するところ、大学教師の常識のなさは、世間一般の常識のなさに照応しているといっていいでしょう。

ただし、教育研究者として、常識、正確には、教養がないではすまされないのです。

第一に、教育者として教養の欠如は致命的です。自分の研究した専門知を、専門用語と専門技法を駆使して教えてすますことができるのは、すでに学生が専門分野に参入する意志と能力をもっているときです。具体的には、大学院においてでしょう。

第二に、自分が研究した専門領域のことだけを講義すればすむのだったら、こんな簡単なことはないでしょう。

しかし、例えば私なら、臓器移植に関する脳死問題を、生命倫理としてつかまえる必要を感じてきました。倫理学をベースにするとはいえ、医療現場の事情にわたるまで、相当具体的に述べなければならない場面に立たされます。その場合、医療技術の問題を抜きに講義するわけにはゆきません。それを講義するためには一冊の著作をものにしなければならないくらいの労力が必要でした（拙著『脳死論』三一書房）。

これは、倫理学にとっては「応用」問題に属しますが、応用問題に対してどんなアプローチもできない学問というのは、やはり「虚学」とそしられても仕方ないものでしょう。

T先生のように、現代戦争の解決を個人テロに求める哲学というのでは、あまりに悲しく貧弱ではないでしょうか。

第三に、学問の原動力は好奇心にあります。現実的であろうが、観念的であろうが、「何か」を知りたい、という知的欲求に支えられていなければ、学問が進まないだけでなく、講義を聴く学生の胸に迫ることはできません。

「なぜ小沢一郎は嫌われるのか」を、好き嫌いの問題としてではなく、日本の政治構造の根幹に迫る問題としてアプローチしてみようというのであれば、立派に学問的業績となりうるでしょうし、講義のテーマとして学生の前で縦横に論を展開すれば、深い関心を惹きつけることができるでしょう。

教養とは雑学の一種だ

しかし、専門的学問知と、百科全書的教養知を、それほど厳密に区別する必要はありません。教養知は、専門知をベースにしつつ、専門を超えた百科（一般）領域の諸問題を、専門用語や技法を用いることなく展開する能力によって獲得されるものです。

私は、ときに学生の前で、「どんな問題でも哲学知で解いてみましょう」などと大口を叩くことがあります。もちろん、現実にはそのようなことが可能であるはずもありませんが、「やってみようじゃないか」という意欲だけはあります。

それが教育者としての好奇心です。「私の専門にはそのような問題は含まれていない」というのは専門家のとるべき立派な態度ですが、どのような問題にでもアプローチしてやろうじゃないか、という好奇心をもたないためのいいわけなら、教育者としての知的怠慢とそしられても仕方ないでしょう。

教養知は、百科全書的という形容詞がつくように、「広い」領域をもちます。正確には、決まった領域などない、といえます。

教養知は「浅い」といってもいいでしょう。この浅さは、掘ればすぐ届く、ということではありません。その浅さは、歴史経験によってひとまずは「実証」された「常識」という意味で、常識として一応にせよ定着するまでには、いく度も歴史の試練に晒されたものと考えていいでしょう。その意味では、浅くとも、凝縮しているのです。地盤はかたい。

つまり、辞書的知識と同類で、無機質の辞書のそれよりもう少しそれを用いる人の息づかいが聞こえるものが、教養といっていいでしょう。私なら、簡単に、学問＝「専（一門）学」に対して、教養＝「（複）雑学」といってしまいたいところです。

比喩的にいえば、机に正座して臨むのが専門知だとするなら、畳や布団で横になって臨むのが教養知だと考えてください。

しかし、誤解されては困りますが、教養知＝雑学のほうが、広く浅いため、簡単に身につきやすい、と思わないことです。まったく逆なのです。

意外や意外、転職組に欠けているのが「教養」だった

意外に思われるかもしれませんが、専門研究を専一的にやってこず、ビジネス界や官界での実践的な知識や技術をもとに大学教師に転じた人たちに不足しているのは、じつは雑学の量、教養知の蓄積なのです。

これは実際に話をしたらわかりますが、ビジネス界出身の人は総じて、雑学方面に疎いことに気づきます。その雑学は、狭く、概して「深い」のです。その講義は大変興味深く、人を惹きつけますが、すぐに種切れになってしまいます。

彼らは、世間という生き馬の目を抜くようなせちがらい世界を生き抜いてきた、百戦錬磨の経験豊かな人たちという印象をもたれるでしょう。教育研究者一筋できた者と比較すれば、そのとおりです。

でも、ビジネス界や官界から横滑りしてきた人たちに足りないのは、万般に対する好奇心です。その好奇心を満足させるような知的訓練です。

社会人から大学教師へ転出されようとする人たちに聞いてほしいのは、このことです。いや、違う、私にはあふれる好奇心があり、教養もある、とお思いの方は、すばらしい、と賞賛の声を捧げたいと思います。

しかし、疑い深い私などは、やはり、本当かな、と思ってしまいます。

教養は読書によっては身につかない。読書なしには教養は獲得できない

豊かな経験によって得ることができる教養知は、狭く深い、といいました。浅く広い教養知を獲得するためには、どうしても、書物というオープンマインドの世界を泳がなければならないのです。

もちろん、読書を積んだからといって教養はつきません。専門という中心軸があって、そのまわりにつくのが教養なのです。教養がただの寄せ集めの雑学、「カレーはなぜ黄色いか?」という雑学辞典的な知識と違うのは、雑学を支えまとめあげる専門知の有無によります。

一芸に秀でた人が、書物を読まずに、問題の中心を穿《うが》つような意見を吐く場面に出会うことがありますが、まさに彼らが自分の仕事一筋で得た経験に固執する結果です。その意味で、趣味人ではなくある種の（雑学はなくとも専門をベースにする）教養人に近くなります。

専門の本を読む。専門周辺の本を読む。専門にまるで関係ない本を読む。しかし、自身はあくまで専門家であることをやめようとしない。こういう知的営為によって教養は形成されるのです。

第13章 指導教授の"就職斡旋力"は意外に弱い？定職への道を積極的に求めよう

現在、一見して「贅沢」な質問がきています。ただいま、わたし鷲田は大変忙しい。夏休みなしに「仕事」をしてきましたが、それは好きだからいいのです。でも、ただ働きの質問や手紙への返答というのは、こういう忙しいときには、ときに腹の立つものなのですよ。私の回答が腹の納まり具合の悪いときのものだとお感じになったら、その辺を少しさっ引いて読んでください。以下は質問（Q）と、私の回答（A）です。

質問1

30歳。未婚。国立大学の修士課程卒。官庁を1年で退職。現在、自動車会社に勤務。安定した環境で働き、自分の趣味の時間を確保できるゆとりがほしい。地方公務員が一番適していると実感したが、すでに年齢制限で遅きに失した。そこで、方向転換して、公的機関への転身をはかりたいと思っています。そのために博士課程に進もうと思い、すでに合格。しかし、以下の点が不安で、質問したい。

Q1▼博士課程単位修得はあくまで手段。研究を一生の目標にしている人たちに悪いのでは?

A1▼**動機は問題じゃありません。それに、就職など先のことを考えずに研究一筋と思っている人などは、よほどの変わり者です。**

Q2▼大不況下、安定した収入を棄て、無収入に戻る決断ができない。どうしたものか。

A2▼**博士課程へ進むということは、無収入の道をひとまず決断することなのですよ。**

Q3▼担当教授は「場所さえ選ばなければ職がないということはない」というが、それでも不安だ。

A3▼**教授のいうとおり。ただし、それもあくまで約束手形です。就職できるかどうかさえ「未定」なのですよ。**

Q4▼大学職員のポストがあったとしても、自分の適性にかなうかわからないと不安なのだが……。

A4▼**あなたの「適性」とかいうものにかなう「職業」をその時点で探すよりほかありませんね。**

Q5▼助手になったとして、その後も競争原理が働いて、つねに努力しないと、一生助手ということもありうるか?

A5▼**ありえます。私の知人にも、特に工学部系には助手で終わる人がいます。**

Q6▼将来、国立あるいは公立の研究機関への転身を考えている。そのための手段として博士課程に進むのは無謀なのか?

A6▼そんなことはありません。断じてありません。

以下は、私からのアドバイスです。

a　国立、公立の機関は、大学同様、これから変動、再編が激しい場所です。お間違いのないように。

b　博士課程進学は、適性も含めてあなた自身を再点検するいい機会だと思います。進学をすすめます。

c　あなたの心配や不安は、やや過剰ですが、ごく普通の健康な人間のものです。ただし、幼稚の気味はあります。それに、あなたの「能力」が、官僚機関にも一流企業にも「不適」だったとすると、公的機関にも不適であることは大いにありえます。

質問2

国立大学卒。47歳。既婚。新聞記者。一貫して外報部畑を歩む。こうした方から、個人調書（履歴書、業績表）、大量のエッセイのコピーに添えた長大な私信が送られてきました。彼は、郷里の大学に転職したい、という希望を述べられています。「質問1」の人とは違って、非常に具体的かつ適切な大学教員志望の方です。この人のは、質問ではなくて、むしろ斡旋依頼の類かもしれません。それで、書面上のことにかぎって「返答」しようと思います。

a　学歴、職歴は申し分ありません。業績も、近刊予定の著書もあり、問題ないと思います。それに、「幅広い」国際問題に関するジャーナリストの経験は、これからの日本の大学教師に求められるタレントにとってぴったりだと考えます。

b　問題は、就職のチャンスがあるかどうかなのですね。どういうアプローチの仕方があるかです。以下はその具体例をお話ししてみましょう。それにしても、2人の質問者は、安定した職場と高い収入が保証されているのに、大学教師に転職しようとされていますが、一方は、消極的で、一方は積極的というように思えます。しかし、その違いは、年齢の違いからくるのかもしれませんね。

定職を得るためのアプローチ方法は？

●方法1●

思い切って、大学あるいは自分の希望する学部に直接、履歴書、業績書、業績の現物を添えて、希望と将来計画を書いて送る。もちろんたくさんの大学・学部へ送る

これは、一見して無謀なことのように思われるでしょう。私はやったことがありませんが、数打ちゃ当たるではないでしょうが、周囲に何人かこれで複数の大学から、面接したいという通知があり、就職したという実例があります。

この方法は、第一番に熱意が買われるのですね。それに、大学教師は「買い手市場」ですが、それは全体としてみればのことで、個々の事例は千差万別です。共通しているのは、どの大学でも熱意ある有能な教師を求めていることです。公募だけで、そういう人材を得ることは案外と稀なのです。自分を積極的に売り込む、失敗してもともとではないでしょうか。

●方法2●
公募に応じる。自分の出身校や、個々の大学に問い合わせて調べることもできるが、インターネットのホームページ（6章参照）で簡単に参照することができる

わたし鷲田も、十数年世話になった現在の勤務校から移りたくなっています。引き取ってくれるところはないだろうかと思案しています。しかし、手をこまねいているだけではと思い、公募に応じることをはじめました。理由はいくつかありますが、長い間一つところにいるのは、安閑を決め込むことができますが、それだけ不要なもの、贅肉が溜まって、というような一見して「贅沢」な気持ちになるものです。自分自身のリストラ計画ですね。この気持ち、私はものを考える人間として、大事にしてきました。

それはともかく、公募の倍率は予想外に高い場合があります。でも躊躇する必要はありません。2倍だろうと、30倍だろうと、合否はつねに五分と五分なんですから。この条理がわからない人は、試験を受けないほうがいいでしょうね。それに、駄目な場合、何度受けても、少々の手間は

入り用ですが、履歴書や業績表等を一度データに打ち込んでしまえば、労力はほんの少しですむのではないでしょうか。

●方法3● 大学、大学院の指導教授に斡旋依頼をする

これがもっともスタンダードな形だと思われるでしょう。ところが、大学教授の就職斡旋力は、総じて低いと思ってください。それに、斡旋する教授は1人で、志願の学生が多数でしょう。大学教授が将来のことに関して「甘い」ことをささやいても、すぐに信用して、いつまでも待たされ、臍《ほぞ》を噛むということがあっても、期待したあなたが間違っていたのだ、と思ったほうが正解です。

大学に職を求める人に不満分子が多いのは、就職するときの踏んだり蹴ったりの仕打ちの記憶による場合が多いということがあります。世の中には人をすすんでいじけさせようという人が多いものだ、と承知してください。

1960年代までは、とにかくいつ教授から斡旋の声がかかるか、を待つのが通例でした。先輩、後輩、同期の連中がつぎつぎに声をかけられて、就職していくのを横目にしながら、ついに私には一度も声がかかることはなかったのです。無念でしたが、愚痴や恨みはなかったように覚えています。

だから、指導教授等の斡旋を期待するのはいいとして、それに過度に比重を置くというのはやめたほうがいいのではないでしょうか。

●方法4● 学会や私的サークル等の有力教授に斡旋を依頼する

どんな有力な〝つて〟もない場合、学会等の親睦会で積極的に有力教授にアプローチする場合がありますね。あるいは教授の私的サロンに出入りするということもありますね。

そういう出会いで就職斡旋のチャンスを得る場合はたしかにあります。しかし、お会いし、見知られたばかりに、疎まれてあたらチャンスを逃す場合もあります。お知りあいになる、というのは万事につけて難しいものだ、と承知してください。

●方法5● 友人の教授あるいは友人のつてに斡旋を依頼する

若い人の場合、友人が人事を左右するほどの実力の持ち主はいないでしょうから、これは少なくとも30代後半からの人の場合に当てはまることでしょうね。

友人は頼りになります。ただし、いい友人です。私の最初の就職も、いい友人の斡旋からでした。

友人から話があったら、どんな場合でも、自分の希望とかなり隔たっている場合でも、懇切にお願いすることです。条件などいわず、いったん、身を預けることです。そして友人の親切を生涯忘れないことです。

友人などいないという人は、ちょっと困りものです。「他者」のために何ごとかをしたい、することに喜びを感じる、これがサービス産業で働くものに必要な最大の心性でしょう。友人がいないのは、他者に何ごとかをしたいという心性がとんとない人ではないでしょうか。大学教授といわれる種族、旧種族といってもいいでしょうが、に一番欠けているのは、この他者に対するサービス精神ではないのか、というのが私の観察結果です。与えよ、さらば求められん、でしょう。

以上のことに関連して、最後に二つだけいいます。

①就職で、コネを使うことは少しも卑しいことではありません。間違ってもいません。ただし、何度か暴露されているように、金やセックス等でコネを作ろうというのは、やはり行き過ぎです。犯罪と結びつく場合があります。

コネとは人脈です。大学の場合、これが学閥になります。人脈があるとないとでは、人生の進み具合がまるで違ってくるといってもいいでしょう。しかし、学閥がない場合でも、進む手段はあるのです。学閥を呪ってもはじまりません。人脈のある方は存分にお使いください。

②斡旋を依頼した場合、たとえ成功しなくとも、あるいは成功しない場合のほうが、アフターケアが大切です。頼んだ、駄目だった、無言、というケースがなんと多いことでしょう。これは愚痴でいうのではありませんが、質問のメールがきて、たまに返事を書いて、お礼の手紙がくるのは稀です。その稀にお礼の手紙がくる人は、どこかしら違いますね。私ごときものでも、斡旋のチャンスがあったら、思い出してしまう名前です。

第14章

いまいちど大学教授職の魅力を考える

各駅停車の人生もいいではないか――

今回は、メッセージ的随筆風になることをご了承ください。

この連載でいささか反省している点があります。それは、私が、おのれの経験則に反して、万事にスピードと効率を要求するような、したがって生き急ぎのすすめをしているような雰囲気を与えてきたのでは、という点です。

つい一生懸命になると、人間、忙しいことがいいことだ、みたいな気分に陥ってしまうのですね。ビジィワーク busy-work やメイクワーク make-work は、私が陥ってはいけないともっとも自戒してきた点なのに、他人にむかってはそうではないようなのです。つい高い壇上からものをいっているような錯覚に陥ってしまうのです。

それで、ここであらためて、大学教授という仕事の最大の特長（ビューティ・ポイント）は、人生をゆっくりじっくり手触り感覚で生きたいという人に最適な職業である、ということを再確認しておきたいと思います。

人生は長い、学術は短い
Life is long, arts and sciences is short.

私たちは、つい言葉の深い意味を悟ったつもりで、文字面《づら》に引きずられて、「芸術（学術）は長く、人生は短い」を簡単に受け入れているのではないでしょうか。

でもどうでしょう。どんな偉大な芸術にしろ、どんなすばらしい学術にしろ、人間に仕えるのであって、人間が仕えるものではありません。人間に仕えるから芸・学術は「永遠」の命を獲得するのです。アポロやディオニュソスのように芸術・学術・文化の神として天上に輝くのでしょう。

人間に仕えるとは「人生」に仕えるのと別にあるわけではありません。この連載の主題に関していえば、大学教授になって学術と教育にいそしむことは、学生たちばかりでなく、自分の人生にも仕えることでしょう。「仕える」とは、文字どおり奉仕（サービス）することです。自分の人生を豊かに生きることにほかなりません。

ところで「人生の長さ」とは「寿命」と同じではありません。

私はこれからの一人ひとりの生き方を「モラトリアム時代」の生き方と特徴づけてきました。大きくいって二つの意味があります。

モラトリアム（moratorium）とは「非常の場合、法令で一定の期間、債務者の支払いを延期すること。支払猶予」で、モラトリアム人間とは「社会的な責任や義務を一時猶予された状態に在る青年期の人」（『新明解国語辞典 第五版』）といわれます。当初はもっぱら一時的、例外的な措置で、否定的な意味に用いられました。

しかし、第一に、人生のサイクルに大変化が生じ、22歳まで国民の半数以上が社会的責務を、つまりは、働くことを免除されて生きることが普通になりました。30歳くらいまで、定職をもたずに生きる人もめずらしくなくなりました。この期間は、「支払猶予」という臨時的措置ではなく、誰にとっても許される普通の準備期間として存在しているといっていいでしょう。この時代の生き方も変わって当然でしょう。

第二に、仕事（定職）に就いて、その一つで一生を押し通す時代は終わりつつあります。人は社会の変化、自分自身の生きる目的の変化にあわせて新しい仕事に就くため、つねに準備をする必要がある社会になりつつあります。この準備は、しかし、リストラ等のためやむをえずするという「苦痛」の種類というよりは、より自分にマッチした生き方、あるいは準備それ自体が「楽しい」生き方を意味する、といっていいでしょう。

それで、大学教授になる、あるいはなるための準備をすることは、青年期ばかりでなく、何歳であれチャレンジ可能な、そして楽しい生き方である、と私はいいたいのです。

9年は短すぎる
THE NINE YEAR WALK

『九マイルは遠すぎる』（THE NINE MILE WALK）は、大学教授のハリイ・ケルマンの傑作推理短編集です。早川書房から文庫本化されていますから、ぜひ手に取ってみてください。しかし、この推理小説と拙文は、直接関係ありません。書題を借りただけです。

私は、大学を出て10年間の準備期間をもてば、やり方さえ間違わなければ大学教授に誰でもなれる、といい続けてきました。この準備期間は、物質的というより精神的にはきわめてハードな時代です。いちばんつらいのは、いつ、どんな形で自分に定職がやってくるかわからない、未決状態に置かれていることです。

しかし、見方によれば、この期間はブランコ（空白、首吊り）状態ではなく、自分のやりたいことに全力を傾けることができる、内容充実した発酵、充電状態ではないでしょうか。どんなにつらくても練習が楽しくなければ、いい選手にはなれないのと同じです。

それに、普通仕事に就くとモラトリアムは終わります。ところが大学教授になると、モラトリアムの延長が、発酵しつつの醸造が、充電しつつの放電が本格始動するのです。

それで、あえて私は、大学教授になるには、10年以上、いえ、一生をかけても時間が足りない、という意味で、「9年は短すぎる」といってみたいのです。

実際、私自身が大学教授としてのあり方を「これでゆくのだ」とある程度自信をもっていえるようになったのは、40歳もなかばをこしてのことでした。そのときが到達点ではなく、新たな出発点に立ったのだ、ということです。しかし、就職して10年余、それでも教師生活のやっと3分の1に達したにすぎないのです。

45歳で人生の目標がやっと見えるようになったというと、なんだか頼りなさそうにみえますね。でも、もし私に75歳までの人生が許されているとするならば、その時点でも、30年間自分の道をせっせと歩む余裕が残されている、ということです。私は、ありがたくもすばらしいことだ、と感謝しています。

「現在」の仕事でプロになろう

大学教授になることを最初からめざしておらず、いったん産業界等に入ったが、目先の利害に左右されず、ゆっくり、じっくり、人づくり、ものづくりに励んでみたい、研究教育活動に専念してみたい、といって転職をはかる人が多くなりました。それに実務（法律や経営や医療）を中心とした専門大学院（ビジネススクールなど）の創設、拡充がこれからどんどん進んでゆくのですから、社会人から大学教授へ転身するチャンスがますます増えているのです。この分野ではむしろ教授の人材不足がおこっている、といっていいでしょう。私が知っている実業界からの転身組の成功例は、ほとんどが以前の会社や事業所で、自分が担当していた分野のよきプロでした。

三菱商事に勤務し、先物取引の専門家になろうとして、その分野では日本最初の著作『先物取引の世界』（東洋経済新報社　1983年刊）を出した河村幹夫さんは、現在、多摩大学教授です。氏は、ロンドン出張中の2年間の「余暇」をフルに使って、シャーロック・ホームズの研究に没頭し、帰国後、2冊のホームズものを出しています。この「余技」も教師の仕事に計りしれないほど役立っていると思われます。正しくいえば、河村さんは二つの分野でプロになったのですね。

ところが、以前の職場と仕事に不満をもち、その仕事を棄てるような形で大学教授に転出してきた人たちの多くは、仕事のプロになる気もなく、専門家（研究者）としては半人前であり、教育活動もちゃらんぽらんというように、ちょっと手がつけられない状態なのです。困ったちゃんです。

実業界できちんとした仕事をしてきた人は、研究教育界でもいい仕事をする、と思って間違いありません。

専門誌を購読しよう

でも、実業界の専門性と、研究教育界の専門性とは、連続性があるとはいえ、同じだと考えると大きな落とし穴に落ちるのではないでしょうか。

大学教授の専門内容は、大枠でいえば、最低でも5年から10年先を見こしたものです。文部科学省のいう「中期目標」ですね。その間、採算はとれません。入力・先行投資専用回路しかない、と考えて間違いありません。これを会社でやったら、確実に倒産でしょう。

それでですすめたいのが、自分の実務の専門性だけでなく、学術研究の専門性を知ろうという人は、その分野の専門学術雑誌を定期購読することです。最低2種類が必要です。比較的啓蒙性に富んだ雑誌と、かなり特殊な専門学術分野の雑誌です。例えば、これ自体をすすめたくありませんが、哲学分野でいえば、『思想』（岩波書店）と日本哲学会編『哲学』（法政大学出版局）というように。

全部を読む必要はありません。自分に関心のある論文以外は、めくるだけでもいいと思います。学術研究の専門内容と現在の傾向のアウトラインがわかればいいのです。

ミーハー精神でゆこう

無理に長期目標設定をせずに、一年一年、一季節ごとに、あれやこれやと迷いながら、というか、楽しみながら、いちばん適切な言葉を使えば、「たゆたい」ながら、人生を新幹線ではなく、各駅停車の鈍行で行くのもいいですよ。

そういえば、私は最近鈍行に乗らなくなりました。かつて、2カ月に一度は、伊賀上野から、JR関西本線で名古屋に出て、名古屋から、何度か乗り継ぎをして中央本線で新宿までゆきました。酒をひたすら飲みに行くという「目標」（?）のためだけにです。優に半日以上はかかりました。「たゆたう」ことを意識的に狙ったさもしい根性がなかったわけではありませんが。

新幹線ばかりにあえて乗らないマナーをもちたいと思う人が、大学教授という仕事を選ぶのでは、と考えていいのではないでしょうか。鈍行で行くと、好奇心の数が増えます。一つ一つの対象がほどよく見える、観察できるからです。みいちゃん、はあちゃんの顔がよく見えるのです。私の娘は、やーちゃん、はーちゃんでしたが。

それで、河村さんじゃありませんが、せっかくロンドンにきたのだから、ロンドンを知らなければ、ロンドンを知るには、ロンドンの最盛期、ヴィクトリア女王時代のことを、ヴィクトリア期を知るためにはホームズを知らなければ、というミーハー精神も手伝って、ホームズ研究家になろう、とした心の進み具合は私にもよくわかります。

いろいろな生き方が可能になる時代に私たちは生きています。それは、これから本格的に人生を迎える人にも、人生の過半を過ぎた人にも当てはまるのではないでしょうか。

III

大学という就職先

――雇用市場と大学改革

第15章 大学は膨大な雇用市場である

統計を見てほしい。

大学教員数は小学校の半分、中・高等学校の半分以上いる

現在、大学には学部、短大などをあわせて17万人をこえる専任教員がいます（統計1）。同じ数だけの兼任教員がいますが、そのうち本務校のない人を最低3万人とはじきだしても、20万人以上の大学教員（と予備軍）がいるとみて間違いありません。

これに対して、小、中、高校の教員数は、激減しているんですね（統計2）。2001年は、1991年比で、小学校は3万7000人、中学で3万1000人、高校で2万人減少しました。この傾向は続くでしょう。大学は、短大が統廃合で5000人減少したものの、大学（学部、大学院など）は2万6000人増加しています。

大学の教員数は、じつに、近い将来、小・中・高校それぞれと肩を並べる勢いだ、ということを知ってほしいと思います。

統計1◎大学等の教員数

	本務教員	兼務教員
大学(学部・大学院など)	152,585	143,051
短期大学	15,636	31,892
高等専門学校	4,467	2,550
計	**172,688**	**177,493**

(人)

※2001年5月1日現在
※データ:学校基本調査

大学本務教員の職名別内訳

	(人)
大学本務教員の 計	152,585
学長	663
副学長	424
教授	59,148
助教授	35,524
講師	19,438
助手	37,388
(再掲) 大学院担当者	83,457

統計2◎教員数の推移

(年)	小学校	中学校	高等学校	大学等	うち、大学(学部、大学院など)	うち、短期大学
1991	444,903	286,965	286,092	**151,439**	126,445	20,933
1997	420,901	270,229	276,108	**166,051**	141,782	19,885
2001	407,826	255,489	266,545	**172,688**	152,585	15,636

(人)

※各年5月現在の本務教員数
※「大学等」は、大学(学部、大学院など)、短大、高専の計
※データ:学校基本調査

統計3◎大学教員の異動（採用など）状況の推移

（年度間）	採用者数（人）	転入者数	離職者数	採用者のうち新規学卒者（%）
1985	5,798	1,630	5,235	
1988	6,350	2,592	5,238	22.9
1991	6,638	2,626	5,868	22.7
1994	6,783	2,908	6,774	21.9
1997	6,893	2,754	7,332	21.3

※大学（学部のみ）の本務教員の異動（採用・転入・離職）状況
※「年度間」とは、その年4月1日～翌年3月31日
※データ:学校教員統計調査

統計4◎大学と、小・中・高校の異動状況の比較

（人）

	採用者数	転入者数	離職者数
小学校	7,756	71,726	10,551
中学校	7,875	41,952	7,961
高等学校	6,637	24,892	8,892
大学等	**10,440**	**3,528**	**10,676**
うち大学（学部、大学院など）	9,334	3,192	9,326
うち大学（学部のみ）	6,893	2,754	7,332

※1997年度間の本務教員の異動状況
※「大学等」は、大学（学部、大学院など）、短大、高専の計
※データ:学校教員統計調査

統計5◎大学教員の年齢別異動状況

（人）

	採用	転入	離職
25歳未満	219	—	33
25歳〜	2,397	132	769
30歳〜	2,959	496	1,637
35歳〜	1,822	610	1,780
40歳〜	667	493	1,013
45歳〜	367	411	495
50歳〜	265	295	289
55歳〜	232	152	201
60歳〜	293	346	780
65歳以上	113	257	2,332
教員の計	9,334	3,192	9,329

※1997年度間の大学（学部、大学院など）の本務教員の異動状況
※データ:学校教員統計調査

大学は新採用数が多い市場だ

雇用市場で問題なのは、総数の大きさもさることながら、新規採用数いかんにあります。この点、大学は、採用者数が漸増していることがわかりますね（統計3）。小・中・高校は、採用者数がピーク時に比べるとそれぞれ半減しているのに対して、大学の新規採用者数は、小・中・高校よりも多くなりました（統計4）。最大の理由は、大学院の新増設や、情報や福祉等、新規採用分野が加わったからでしょう。

大学教員は鎖国主義者か?

それに、大学は退職年限が高いから、離職者の数が少ないように思われていますが、そんなことはありません(統計5)。30~40歳までの離職者が30%以上を占め、65歳以上(定年組)を上回るということは、大学からの転職組も多いということです。実際、大学の離職教員(9329人)を離職理由の内訳でみると、「転職」が3427人で、「定年」の2615人を上回っています。つまり、大学は、一度つとめたら辞めたくない「楽園」ではなく、相応に転入出がある職場だということがわかるでしょう。

しかし、ほぼ20万人の雇用人口を抱えている大学教員でいちばん目立つのは、大学間の人事交流、異動が極端に少ないことです(統計4の転入者数を小・中・高校と比べてください)。つまり、大学教員は、他業種への転出は相応にあるが、一度就職した大学で大部分が骨を埋めるということになっているのです。

では、大学教員は、他大学への転出を望まない鎖国主義者なのでしょうか? 自大学を愛してやまない愛校主義者なのでしょうか? 自大学の処遇、待遇に満足している現状満足主義者なのでしょうか? 断じてそんなことはない、と観察できます。

大学は、まったく正反対に、よりいい学生、よりいい地位、よりいい待遇、よりステータスの高い大学への転出を心底望まぬものはいない、不満の王国なのです。どうして、安定した地位、好きなことに打ち込む環境があり、自分の時間もたっぷりとれ、世間体もいいのに、不満なのか、とお思いでしょうが、「人間というものは、満足度が高ければ高いほど、もっともっとという不満がますますつのるものなのだ」といっておくことにとどめます。

適材適所の採用システムがあるか？

ああ、異動したいなぁ！

大学教員の「理想」をあえて一つあげるとすれば、自分の気に入った環境で、思いっきり教育と研究に打ち込めることではないでしょうか。私はそう考えてきました。

ただし、気に入った環境というのは各人各様で、さらに、大学の事情もあるから、現実には、比較していい、ということになります。ところが、ともかくも定職をということでポストを得た大学、これこそよかれと思って就職した大学、何とはなしに押されるようにして入った大学、請われるようにして引きずり込まれた大学、という違いはあれ、自分の身の丈にあわない場合が多いのです。それは、鎖国主義者、愛校主義者、現状満足主義者にかかわらず、そうなのです。

実際、観察するに、環境（場所）が変われば、人間関係が変われば、担当科目が変われば、がんがん教育や研究に専念できると思われる能力は、大学内にごろごろしています。ところが、変わらないのです。変われないのです。だから腐るのです。もったいない！

教育は研究と通底していて効力を発揮する

よい研究者でよい教育者は少ない、というのは本当です。もちろん、暫定命題ですが。

よい教育者はよい研究者だ。これも暫定的命題ですが、私は絶対命題だといいきってみたい気持ちがします。

よい教育者で非研究者はいません。これを絶対的命題だといいきってみたいが、例外のない命題はないから、よしましょう。

そして、よい研究は、非凡な人は別として、普通の能力の人間なら、よい環境が作る、といってもいいのです。あるいは、最低限度にせよ、本人が納得してその環境を甘受する、という条件がなければ、難しいのです。単純明快にいえば、自分が総じて「適材適所」のシステムにはまっている、所を得ている、という意識ですね。自分は認められているという価値意識です。

大学間の人事異動の自由化を促すシステムは十分でない

最近、大学教師の価値評価が問題になってきました。学生評価、第三者評価等、これまでの評価軸とは違った尺度が採用されるのは、いいことです。

しかし、評価する前提として、教師自身が立たされている環境を無視はできません。適材適所にある教師、自分のポジションに満足している教師と、意に反した科目を受け持たされている教師、まったく劣悪な環境を甘受しなければならない教師とを、同じ基準で評価するのは酷というものでしょう。

最低限、自分の適材適所をアピールし、それを受容する、あるいはその意志を考査するシステムがあってもいいでしょう。つまるところ、大学間の人事異動の自由化を促すシステムです。

現在でも、大学教師は職場を異動したければ、自由です。ただし、受け入れ先が稀です。あっても、転出希望に応える教師専用の情報提供システムがないのです。最近は公開されることが多くなりましたが、受け入れ大学専用の情報システムが十分ではないのです。

人材バンクが必要だ

「結婚」紹介業が必要

私は『大学教授になる方法』（91年）を書く以前から、教師（志望者）専用の人材バンクの必要を訴えてきました。もっと卑俗にいえば、志望者（教師）と採用者（大学）とを取り持つ結婚紹介業です。

買い手（大学）と売り手（教師）が出会う場所は、以前より格段に広くなりました。しかし、大学側は、公募をしても、あるいは積極的に人材を捜しても、その範囲は狭く、ほとんどは私的努力や自然の成り行きに任せている、というのが現状です。どこに、どれだけの人材が存在するかには、ほとんど無関心です。

教師のほうはもっと閉ざされているといっていいでしょう。公募や私的ネットワークを頼るしかありません。自分の才能や意欲を積極的にアピールする場、そのアピールを代理して仲介してくれる機関がないのです。公募しても雲をつかむ感じになるのも当然です。

売り手の人材バンク設立

そのためには、売り手の人間、業績、意欲、希望等を詳しくファイルし、買い手の要望に応えるような人材を登録し、紹介し、仲介するバンクがぜひとも必要です。その基本内容。

● 会員制にする（会費、仲介料、経費を徴収）
● 人材を考査する審査システムを付設する（優秀な審査員　審査料徴収）
● 人材バンクの運営、経営を監視、監査する第三者機関が必要

大学教師志望者の最大の苦悩

人材バンクを必要とするのは、研究教育者の最大の悩みに応えるためです。一言でいえば、自分を必要としてくれる「大学」（職場）が自分をはたして見つけてくれるか、という悩みですね。人材バンクはその悩みに応えるためのものです。

もちろん、職は自分で探すものです。しかし、その探す手段として、強力な補助機関があれば、少なくとも、自分は見いだされることはないのでは、という不安を解消してくれるのではないでしょうか。これこそ閉鎖市場に生きる教師（志望）集団の切実な希望ではないでしょうか。バンカーよ、いでよ、といいたい。

第16章 あえて〝危険〟な大学に就職しよう

銀行が潰れた。大学とて同じことだ――

「銀行は倒産しない」という神話がありました。しかし、北海道拓殖銀行、日本長期信用銀行、日本債券信用銀行という巨大銀行が「倒産」し、金融業界は一挙に再編成されつつあります。一つは経営の、もう一つは金融行政の失敗からです。この二つは絡み合っていますが、この失敗を生みだした底流には、「ビッグバン」と称されている国際金融市場の再編統一化があります。いってみれば、巨大銀行の崩壊の原因は国際基準にあわない日本の金融システムの古い体質基盤にあったわけです。

ところで北海道拓殖銀行（拓銀）はごく簡単に潰れました。ものの見事なほど古典的な姿で崩壊しました。

拓銀は、経営危機が叫ばれ、政府が危機回避に手をさしのべないという姿勢をとった瞬間、預金引き出しが始まり、どの銀行も資金「援助」を打ち切り、支払金不足で営業不能になり、経営者が放り出してしまったからです。巨額な不良債権処理の失敗、金融行政依存体質、護送船団方

定員割れの私立大学数の推移

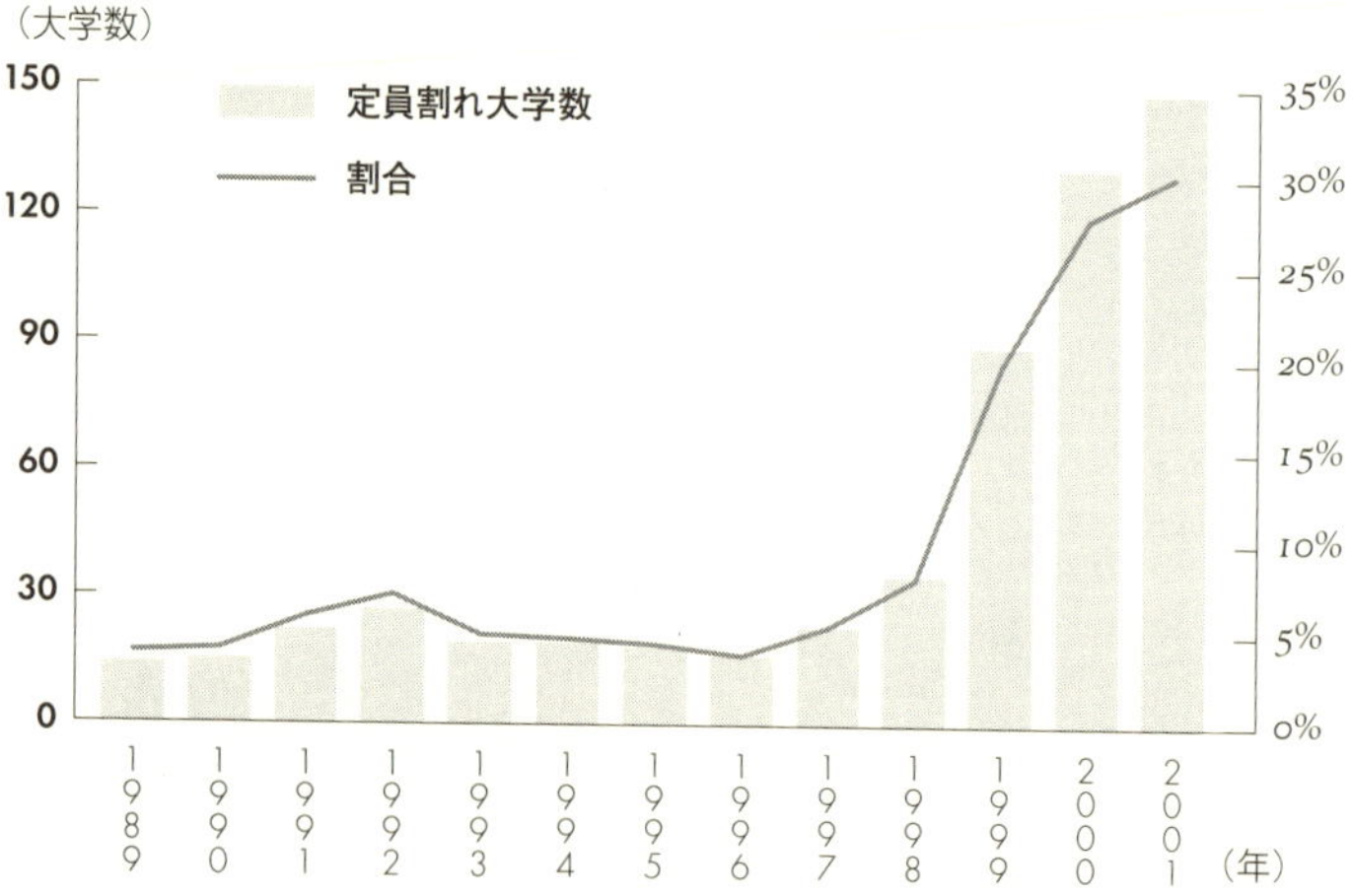

※データ:日本私立学校振興・共済事業団

式、無能で高額給与の経営者と行員の存在等が倒産を招いた直接原因でしょう。

大学経営も銀行同様、危険な状態にあります。志願者の激減、借金依存、文部行政依存、無能な経営者と教職員の存在等、いつ「破産」してもいい状態にあります。

例えば、10年前の1991年度は、実際の入学者数が入学定員を下回る定員割れになった私立大学は、22大学で全体の約6％でした。ところが、表のように98年ごろから急速に悪化し、2001年度には、私立大学493大学のうち、3割を超える149大学が定員割れに陥りました。私立短大は、さらに深刻で、91年度には定員割れは全体の約3％にあたる13短大だけだったのに、2001年度には449短大のうち半数を超える246短大が定員割れとなっています（日本私立学校振興・共済事業団調べ）。

いったん定員割れになれば、途中編入などがないかぎり、その後4年間は確実に定員割れが続くため、大学は財政危機に直結します。

こんな危険な職種に就くことをすすめて、「無責任にもほどがある！」という人が多くいることを承知しています。

しかし、私は、「優良企業に就職しなさい！」とすすめないのと同じように、「優良大学に就職しなさい！」とはすすめない方針で、大学教授をめざす人々に接してきました。訴えてきました。その方針はこれからも変わりません。どうしてでしょう。

優良大学に学生も教師も集まる

「大学教授になろうとするほどの人は、あえて優良大学をめざすな」と私はいいたいと思います。

ところが、慶應大学、立命館大学、国立では東京大学、京都大学が先頭になって、新しい構想のもとで、どんどん大学改革を実行し、がんがん学生を集めています。こういう情勢を見ていると、つい、「優良大学はますます拡大充実してゆく」、それに反比例して、「無印大学はますます縮小衰退してゆく。ついには、倒産に追い込まれる」という感じを抱くのは無理からぬことです。

この感じを延長してゆけば、地方小大学の「夢」は、慶應大学が進出してきて、吸収合併が実現し、慶應大学○×校になることだ、という人があらわれても少しも不思議ではありません。実際、予備校はフランチャイズ化がどんどん進んでいます。寡占化、系列化ですね。

しかし、優良大学に吸収されたり、傘下に入った大学（分校）の運命はどうなると思いますか。万々歳でしょうか。そうではありません。

まず、本校のシステムにしたがって改編されるのはもとより、不必要な学部や学科、教科は削減、廃止されます。もちろん教職員の大幅なリストラは避けられません。そうでなければ、無印大学を吸収合併する意味が優良大学にはないからです。

ところで、こういう優良巨大大学に学生は集まるでしょうか。確実に集まります。いいスタッフは集まるでしょうか。集まると思います。それは仕方のないことです。

無印大学では「自主管理」を捨てざるをえない――

しかし、組織の盛衰は可変的です。それも、どんどんスピードが上がっています。大学の盛衰とて同じことです。マイクロソフト社が世界征服を果たしたかに見えた瞬間、追撃の的になり、攻撃の砲火を浴びせられ続けて、分社化を迫られています。

大学の場合、慶應や東大が斬新そうに見える大学改革を進め、拡大をはかったとしても、その根本システムは、明治政府がうち立てた大学システムの基本枠のなかのものにすぎません。枠組みは、官製システムと大学教授の自主管理システムの同居です。平たくいえば、教員定員、学生定員、カリキュラム編成、設備基準等は文部行政の許認可制であり、実際の大学運営権、人事を含む予算等の執行権等は学長と教授会（教授の労働組合）にある、といっていいのです。

日本の大学の大多数は、学長は教師の選挙によって選ばれ、理事長は教師出身です。教師の組合である教授会の賛同を得ることのできない理事長や学長は、大学経営をスムーズにおこなうことができないシステムになっています。「教授会の自治」とは、文字どおり、教授会の自主管理のことです。

優良大学が教授（会）の自主管理を捨てることは、経営危機に陥り、自主管理を続けることができなくなるときまで不可能でしょう。

これに対して、無印大学は、経営の危機によって、いままでどおりの経営システムでは生存不能ということが判明すれば、やむなくという形にしろ、教師集団が経営管理権を捨てざるをえなくなります。その結果、二つの効果が見込まれます。

第一は、教師は、教育研究活動に専念することができることです。もちろん、教育サービスの向上につながるようなものでなくてはなりません。

第二は、経営のスリム化をはかることができます。

無印大学が優良大学と対等に競争できるためには、教育サービスの向上と授業料の引き下げをする必要があります。それなしに、どんなに「設備」を拡充しようが、教育以外のところで目立とうとしようが、無駄骨に終わるでしょう。無印大学は、教育投資に較べていい人材養成をしているという、社会とりわけ企業と学生の評価抜きには、生き抜いてゆくことができないからです。

大学は無能な教授によって潰れる――

巨大銀行は優良大学出身者が就職する場でした。この人たちが、もともと無能だったとは思われません。優良大学出身者だったから無能になったのでしょうか? 基本的には違うでしょう。護送船団方式の銀行に入り、そのシステムに浸っていたからでしょう。

巨大銀行の経営者の多くは大蔵官僚出身者です。大蔵官僚は無能でしょうか? 護送船団を引っ張ってきた大蔵官僚は無能でよかったはずです。その無能でよかった官僚出身者が銀行の経営陣になっていたのですから、厳しい競争社会を乗り切ってゆく才覚を期待しようとしても、するほうが無理な相談でしょう。

こういう優良銘柄の銀行は、ちょっと前まで、社会的評判の高い、報酬のいい、盤石の経営基盤をもった就職先と考えられてきたのです。

大学もまったく同じことがいえます。優良銘柄大学に就職して、そのなかであぐらをかき続けると、研究教育がおろそかになり、いざというとき使い物にならない無能品になりかねません。特に若いときには、大部分がそうなります。

教育研究活動に専念できる大学がもっともいい就職先と考えてください。給与や待遇は、ましてや銘柄いかんは、従属物だと割り切る姿勢が必要です。特に若いときはそうです。

そういう大学にはかならず教育研究活動に専心する仲間が集まってきます。その仲間が切磋琢磨する空気が自然とできあがります。その教育研究に対する教師の熱意はかならず学生に伝播します。次いで、学生の就職先の企業等に伝わります。

しっかりした経営者がいて、教員が教育研究活動に専念できるシステムを作り上げるのに、金も暇もかかりません。学生の授業料を半減しても経営は可能になるのではないでしょうか。買い手中心主義の時代です。買い手である学生が、教育サービスがよくて料金の安い大学に来ないはずはありません。ハイクオリティ・ロープライスの時代だからです。

国営・公営が衰退する可能性は大だ！

まして、国立公立の大学は経営基盤が国、地方自治体なのだから、安定している、と考えると、とんだ勘違いをおかすことになるでしょう。

国公立大学の独立法人化は必至です。発足時は、文部科学省と大学側が妥協する結果、学長や教授会に人事の自主権を与えることになるかもしれません。しかし、すぐに、経営赤字が問題になり、人事・予算権を含む経営を独立分化しなければ、独立法人の運営は不可能になります。

大学教授だから、経営能力はない、というのは疑問だ。大学のことをよく知っているのだから、教授のほうがむしろスムーズに経営できるだろう、というかもしれません。

一理あります。しかし、経営に参画したら、教授を辞めるべきです。大学教授をやりながら経営が可能なほど、経営が簡単ならば、経営危機などおこらないでしょう。それに、教育研究活動をしない教授は、教授ではありません。

また、経営の責任を負わない経営者は失格です。大学教授は、現在、学長を辞めても、教授は辞めなくてもいいように実質的になっています。万一、教授が経営の一端を握ることになったら教授を辞める、経営が失敗したらその責任をとる、というのが原則にならなくてはなりません。

現在の国立大学の一部は、独立法人化で拡大充実するでしょう。学生もどっと集まるでしょう。

しかし、長期的にはどうでしょう。東大だとて、競争力を失う可能性が拡大します。というのも、大学のグローバリズム化の波のなかでは、東大は、京大や北大を競争相手にするのではなく、ハーバード大やオックスフォード大を相手にしなければすまなくなるからです。東京三菱銀行と同じ運命が待ちかまえているのです。

都道府県にある地方国立大学の運命はもっと過酷になるでしょう。そのほとんどが、ミニ東大をめざして、特色も、ましてや競争力もない総合大学化にいそしんできたからです。

競争原理をどれだけ取り入れるかが勝負の分かれ目

問題は至って簡単なことなのです。大学が競争原理をどこまで取り入れるかが、倒産か否かの分かれ目だからです。日本の文部行政も大学も、基本的には社会主義原理、国家社会主義と社会主義的自主管理でやってきました。これを、「文部科学省（権力）か、大学（自治）か」という二者択一でとらえるのは、時代遅れです。「社会主義権力・自治か、資本主義権力・競争か」、でつかまえる視点が必要になりました。大学教授志望者は、もちろん、後者の視点で進んでもらいたいものです。

第17章 売れる分野、売れない分野はどれだ？

売れる分野に福来る

「大学」もビジネスです。営利ビジネスではないが、需要がないと、成り立ちゆかなくなります。ビジネスにならない分野、学生の応募がない分野はどんなに頑張っても縮小、閉店を余儀なくされます。あっさりいうと、こういうことです。

ビジネスには、どんな分野でも、時代の波があります。その波に乗らなければ、ビジネスが成り立ちゆかないという目算で、大学の学部、学科、科目の流行も猫の目のように変わっています。大学教授になろうとする人には迷惑この上ありませんが、文句をいっても仕方ありません。

「福祉」の名がつけばOK！

いま現在いちばん就職口があるのは、福祉関係です。福祉関連の学部がばんばんできています。

2000年6月の上旬、関西学院大学社会学部のシンポジウムのパネラーに招かれました。同じパネラーで、40歳、一度大学を出て、カウンセラーになったが、一念発起、修士課程、博士課程を修め、社会福祉学博士号をとり、公立大学の専任講師になりたての女性に会いました。彼女も再就職組ですが、こういう「正規」の大学教授コースを歩み直した人はむしろ少数です。福祉関係になんらかの意味で携わった経歴がある人なら、大歓迎というのが「現在」の就職状況です。こんな人が、とあきれるようなキャリアと能力と人格の人が大学教授についているから、驚きです。

でも、いいことに、福祉は、理念分野、医療分野、行政分野等を含む多角的な領域を含んでいますから、既存の学問領域を含むどんな分野からも挑戦、再挑戦可能です。30代で、自分の専門領域でなかなか就職の目途がたたないと思っている人は、一度「転向」を考えてみるのもいいのではないでしょうか。

情報科学はおいしい！

福祉と同じくらい就職の間口が広がっているのが、情報科学の分野です。

情報科学は、独立した一学問分野です。同時に、今日の情報社会では、あらゆる学問がそのツールとスキルを利用、活用する必要がある分野です。文科系で文献処理をする必要からパソコンに触ったばかりに、その「魅力」に取り憑かれ、コンピュータ・サイエンスに転向するという人もいます。

ただし、この分野は、純技術的側面が重要視されていますから、ツールとスキルの両面を絶えず進化させようという意欲のない人は、教育面でも研究面でも無用・無能の人になる可能性があるでしょう。

情報関連のビジネスには、現在、非常に大きな需要があります。多くの若い人が新規参入しています。同時に、純ビジネスに適合できず、どんどん落ちこぼれてゆく人がいます。大学は、ビジネスですが、営利企業ではありません。純ビジネスに適合しなかった人が、もう一度、知的なトレーニングをし直して大学に参入するという手もあります。

「環境」には何でもあり！

「人間環境」「文化環境」「環境福祉」、何のことだかわかりますか。「環境」とは、「エコロジー」のことです。人間を、文化を、福祉を、「環境」の側面からとらえ直す、というのが主旨です。これまでの学問が「エコ」の面からとらえてこなかった、という反省に立ってです。

エコロジーというのは、「人間と自然との共生」ということですから、環境学部も、あらゆる領域を含むといってもいいでしょう。

哲学であろうが、医学であろうが、原子物理学であろうが、自分の専攻領域を環境という視点からとらえ直して、衣替えするのは、そんなに難しいことではありません。

「福祉」「情報」「環境」の3分野は、新規に参入しようとする人にとっても、転向しようとする人にとっても、間口が広い分、十分に適応可能な就職先ではないでしょうか。それに、新しい分野に挑戦するというのは、何とも気分が高揚するものです。一つ、この新分野で一働きして、新しい権威になってみてはいかがですか。

分野に消長はあるが、やりがいのあることに消長はない

売れる分野があれば、凋落する分野があります。これも致し方ないことです。学問上の必要ということと、ビジネス上の必要というのは、一致しません。学生に人気がなくなり、縮小の道をたどっているからといって、学問上不必要である、ということをかならずしも意味しません。

経済学はつらい！

凋落が激しい学部の最たるものは、経済学部です。かつて経済学部はもっとも華やかな学部でした。文系でもっとも「科学」の要件を備えた学問分野である、といわれました。それに、戦後

の日本は、とにかく、官界も、財界も、経済中心で、経済学者が幅を利かせました。

さらに、経済学部出身者は、いちばんつぶしが利く、どんな職種にも適応可能な学部として、企業にも、学生にも歓迎されました。しかし、つぶしが利くというのは、要するに、大学で何を学んだかは問題ではない、若い可塑力のある人材がほしい、知識や技術は企業がつける、ということの裏返しにすぎなかったのです。

素っ気なくいってしまえば、経済学を学んだ学生がほしかったのではなかったのですね。それが「何がしたいか」ではなく、「何ができるか」に企業の選考基準が変わってきました。

しかも、経済学者の経済分析は、このところ大外れの連続です。経済学の主流をマルクス主義者が占めてきたということもあります。そのマルクス主義が「破産」しました。元気がありません。学部改革もままなりません。経済学の「受難」の時代です。


語学はいらない！


教養課程、英語（第一外国語）必修。独語と仏語（第二外国語）から選択必修。これが旧来の大学のパターンでした。専門に進んでも、ゼミは語学（外書購読）中心でした。大学院入試も、外国語2科目選択でした。「外国語のできないヤツは、教師になれぬ」、が大学の原則だったのです。

ところが、第二外国語は消滅、英語さえ選択科目になる、というのが現在の主流になりつつあります。当然、語学の教師の需要がぱたっと止まりました。補充さえままならなくなりました。語学の教師は非常勤で、あるいは、語学専門校での履修で代替する、という方式が本流になりそうです。大学から、語学の専任教師が姿を消しそうなのです。

教養部の解体で、語学の教師は他学部へ分属されました。あるいは、ひところ雨後の竹の子のようにできた国際関係学等へバーンと語学の先生が移行しました。語学の教師が大学で生きてゆくためには、語学以外の専門をもたなければならなくなったのです。

哲学は消えた！

哲学は、ずーっと昔、学問の王様でした。経済学などという学問が影もない時代からです。その哲学が、ほとんどの大学から姿を消しつつあります。かろうじて、教員免許をとる学生の「サービス」のために存続を許されている、というのが現状です。

じゃあ、現在、哲学教師は受難の時代なのでしょうか。私には、そうとは思われません。

経済学や語学や哲学が、不要になったのではありません。従来の形や内容のものが、時代遅れで、大学の科目として「無用」になったのです。そういうものは、消えていいのです。

しかし、世界は経済競争の時代です。世界が一つになって入り乱れている時代です。価値観が混乱した時代です。経済も、語学も、哲学も、今日ほど必要な時代はありません。もちろん、革新された形でのものです。それを作りあげるために学問世界に参入できるのは、幸福でなくて何でしょう。

転向できる能力を身につけようではないか――

私が現在の勤務校にくる前、専任の哲学教師は欠員でした。私は、そんな現状に少しでも抵抗したいがため、「哲学」という名では無理でしたが、哲学出身者を採用してもらえる努力をしてきました。経済学、社会思想史、英語、社会心理学、科学哲学、教育哲学、気がついてみると、私のほかに、6名（現在は5名）の教師が名を連ねるということになりました。この6名は、教師として存分の働きをして、勤務校に貢献しています（と私は思います）。

自分の専攻した学問分野が時流にあわないからといって、失望したり、志望を断念する必要はありません。一種の「転向」をはかればいいのです。

歴史学は栄養失調

学問の醍醐味は理論の構築です。もっとも、たいていは、蜃気楼で終わります。

学問の必須栄養は歴史です。歴史感覚の欠如した学問は、これまた蜃気楼です。

その歴史学が、ずるずると後退しています。歴史小説や文化人類学にその位置を奪われつつあります。その原因の一つは、歴史学が他の諸科学に向かう姿勢を欠いてきたからではないでしょうか。歴史学で自足しているのですね。歴史学「理論」とか「実証」にです。

歴史学を専攻した成果の上に立って、経済分析のエキスパートになってゆく。政治学の最先端の課題に挑む。こういうことがなくては、歴史学の教育研究に生々しい血が流れないのではないでしょうか。

歴史学が学問の栄養源なのに、歴史学が栄養不足なのですから、学問として面白くなくて当然です。他分野に転出するエネルギーを身につけると、歴史分野ほど面白いものはない、というのが私の想いです。

国文学の研究対象は何？

国文学もどんどん縮小されています。転換が迫られています。この分野も方向転換が鈍そうですね。

しかし、古文であれ、中古文であれ、近代文学であれ、国文学ほど応用範囲の広いものはない、というのが私の意見です。日本人の意識構造に直接かかわっているのだから、どんな領域のどんな問題に関心をもっても当然なのです。

生活科学は再転向を！

もっと悲惨なのは、かつての家政学の領域です。生活科学に衣替えしましたが、内容が変わってこないからです。

私は、「家庭」の科学と技術がこれからの学問領域としても、学生やそのOBの就職口としてももっとも応用範囲の広い分野だと考えています。家事の社会化がいわれてきましたが、家事のプロ（職業人）を養成する努力がまったくなされてこなかったのではないでしょうか。生活科学は、もう一度名前も、その内容も、未来にふさわしいものに変わる必要があります。

おいしい分野がなぜ危ない？

売れる分野には学部も学生も集まり、教授ポストも増えます。旧・学術情報センターが提供する大学教員の公募ページ（6章参照）を開くと、福祉と情報と環境の花盛りです。情報福祉、情報環境、福祉環境、環境情報などというものもあれば、内容的には三つを合体した情報福祉環境分野で公募しているのさえあります。

経済学だけでは売れないからというのでしょうか、経済学科に加えて、福祉経済学科を新設するところさえあります。かつては日の出の勢いだった社会学分野も心理学分野も、あるいは人間科学分野や総合政策分野も福祉関連コースを急造して、集客に躍起となっています。

私はこういう動きに水を差そうなどと思ってはいません。ただ、大学の生き残りと個人（教師）の生き残りは、意味も方法も違うと思うのです。大学に「倒産」（死）はあってもいいが、それにつられて人間個体が「倒産」(死)するわけにはいかないでしょう。

政治経済学を知らずに福祉学はできるの?

私は、どんな学部にも、福祉関連科目をおくことには大賛成です。というのも、政治経済学、法学、哲学は福祉分野の基礎学問だからです。しかし、福祉「学」が政治経済学や哲学等の基礎学問になりえるでしょうか。なりえない、と断言してもいいでしょう。

もちろん、福祉学部では学問を教えなくともいい、福祉関連部門で働く職業人を養成することに徹していいのだ、という意見を否定したいのではありません。むしろ、私は福祉関連のプロの養成に徹することに大賛成です。あまりにもプロ意識も技術ももたない、その上学力もない(失礼!)福祉学部の卒業生を目の当たりにしているからです。

しかし、教師が福祉分野を学問的に研鑽していなくていいのでしょうか。断じてよくない、というのが私の意見です。現在のところ(と限定をつけなくともいいのですが)、政治経済学や哲学倫理学の専門的素養(トレーニング)なしに、福祉学を研鑽できるでしょうか。ところが、すでにして、福祉学は、福祉分野で自足自閉しつつあるのです。こういうのって、大学である必要があると思いますか?

情報科学は文系じゃない?

情報科学分野の公募はまことにめざましいものがあります。私（哲学専攻）などでも食指の動く公募内容の科目があります。「社会生活情報専攻」などという曖昧模糊だからこそぴったり感というのもあります。ただし、社会学専攻者という限定がついているので、残念ながら、哲学専攻の私には無理かな、という気がしています。

でも、どうして情報分野が哲学専攻を求めないのでしょう。もっというと、情報科学分野の大部分は、情報処理を主体とする教育者（インストラクター）を求めているのですね。サイエンティスト（学者）というよりも、エンジニア（技術者）です。

私は現代の情報工学には、特にそれを研究し、教育しようとするものには、工学技術はもとより文系の基礎知識や現実認識が欠かせない、と考えます。情報工学を教育する研究者には、文系のトレーニングが必須だと考えます。文系の素養のないエンジニアの寿命は短い、というのが私の実感です。

「環境」科学は学問（discipline）か？

かつて、猫も杓子も文化人類学という時期がありました。国際関係学、総合政策学がそれに続きました。いわゆる学際的（interdisciplinary）あるいは超学的（transdisciplinary）学部（ファカルティ）です。いまその位置をうかがっているのが環境学部です。文系、理系、なんでもあり。行政も、エコも、生活も、経済、文学だってあります。「環境」（外部世界）だけでなく、生命倫理などという「内部」（精神科学）も包括しています。

しかし、いまのところ、環境科学の内容は、カウンター（反）科学の強い影響のもとにあります。世界を科学文明技術の破壊からいかにくいとめるのか、という倫理に強く影響を受けています。

ところでいま、文化人類学は何をしているのでしょう。国際関係学、総合政策学が、何（somethig integral）を生みだしているのでしょう。あいかわらず、寄り合い所帯でしょう。環境科学もそんな道をたどるのではないのか、というのが私の予想です。

「専門」が光を放つ

新規開店、学際的分野は、わっと集合しますが、さっと離散もします。だから、そんな分野に就職するな、などとはいいません。むしろ、私は最初の就職口はどこでもいい（という覚悟が必要だ）と考えています。しかし、どんな分野をめざすにしても、重要なのはやはり確固とした「専門」をもつことです。その専門で認められることです。

専門しか知らない「たこつぼ型」の大学人を専門バカと非難します。しかし、大学教師の大半は、そのたこつぼさえもっていない素っ裸のバカなのです。

学問も教育も専門が基盤

専門で優れていれば、それでよし、などとはいいません。しかし、特定の分野で専門家である、ということが研究者の最低条件です。ペーパー（学術論文）は専門能力の一つの証です。したがって、しっかりしたペーパーのない人は、専門家としては認められません。ペーパーであれば何でもいいというわけではないのです。

それに、特定の専門分野で仕事（業績）がないと、自信をもって教えることはできません。学生に、「まず私の著作を読め、それから質問をしなさい」というぐらいにいえる自分の仕事がなくて、どうして学生の信頼を勝ち取ることができるでしょう。それに、同じ専門分野の人たちはもとより、同僚たちとも議論などできません。

なによりも、専門のない人は、恥ずかしい思いをするだけでなく、自分を恥じなければなりません。知的羞恥心ですね。

専門は廃れても専門を修得する技術は廃れない

自分の修得した専門の知識や技術は、その大部分は廃れると思ってください。一度修得すれば、一生通用するなどという専門は、超スピードの時代にはほとんどない、と考えてください。

私は、マルクス主義を信奉し、その教義を学問的にトレース（あとづけ）することに二十数年を費やしました。その努力も仕事も、無に帰しました。目に見える形でいえば、自著も文献もゴミになりました。

しかし、私がマルクス主義哲学を「学」（専門）として研鑽したことは無駄だったでしょうか。そんなことはありません。マルクス専門コースは廃れましたが、その専門を修得するために得た学的「技術」は廃れません。そして、私がマルクス学に挑む以前に、カントやヘーゲル、ヒュームを通して学んだ「技術」も、マルクス学を経過して、新しい光を得ました。

一専門から、まったく違った専門に転向する場合も、前の専門で得た諸技術は利用可能です。

プロフェッサーとインストラクターに分かれていく

これからは、アメリカと同じように日本でも、研究主体の教師（プロフェッサー）と教育指導だけの教師（インストラクター）とにはっきり分かれてゆく傾向を強めるでしょう。

私は現在の勤務校ではインストラクター（基礎共通を教える教師）の役割を担っています。ある時期から、私は「教養」を「専門」に教える教師になろうと決意し、そのトレーニングを積んできました。「専門」を専門に教えることを基本的にはしていません。

結果は、労ばかり多くて功少なく、空回りで終わる、というような状態が続いていますが、大学生はもとより大学教師に欠けているのは「教養」だ、自分がしなくてどうする、という柄にもない「使命」感が頭をかすめたりもするのです。

インストラクターには専門はいらない、教えるだけでいい、という偏見があります。たしかに、専門をもたないインストラクター（指導員）がプロフェッサー然としている、ということはあります。しかし、教育者にこそ専門はいるのです。その専門を核にゼネラリストになろうとする努力が必要なのです。担当科目は専門を生かせない、などというのは泣き言の類です。大学以外の世界にだって、自分のファカルティ（専門能力）にぴたーっとあったポジションは稀でしょう。

あえて売れない分野を選ぶ

私は天邪鬼でもなく、売れない分野を歩いてきたからでもなく、売れない分野、人の行かない分野をあえて選ぶ人こそ、大学教師にふさわしい人だ、と思えてなりません。

人生は、塞翁が馬です。銀行が凋落するからといって、金融界が衰退するわけではありません。同じように、哲学が大学内でポジションをどんどん失ってゆくからといって、哲学が無用になったわけでも、無効になったわけでもありません。

私の友人に、マルクス学に固執している学者がいます。56歳で大学に就職しました。私も含めて多くがマルクス離れをしたのに、彼はスタンスを変えながらもマルクス学の研鑽をやめません。ばっかじゃなかろうか、という気持ちもありますが、いずれマルクス再評価はおこるでしょうから、彼の努力は無駄にはならないでしょう。

経済学はこれからだ

経済学はいま不人気です。元気がありません。しかし、ますます膨大かつ複雑化する経済問題を解明し、処理してゆく研究は必要になりこそすれ、なくならないのです。研究に学問は不要、などということはまったくないでしょう。

経済学こそ、「新興」勢力として再浮上する芽のある最右翼の分野ではないでしょうか。

生命科学は物理学じゃないの

1960年代、理系の「王者」は物理学（physics）でした。現在は明らかに、人気は生物学（biology）に移っています。しかし、「生命」とは「物質」を超えた「X」ではなく、物質の組み合わせである、ということが解明されつつある今日、物質学の新しいポジションがはっきりした姿をあらわしてきているのではないでしょうか。

古い学問に新たな光を当ててこその、心意気

現在は高速度で変化する時代です。古いものがどんどん廃棄されていきます。同時に、古いものに新しい光が当てられ、再解釈、再利用されてゆく時代でもあります。

パラダイムチェンジといいますが、要は、組み替えなのです。物理現象が解明されれば、生命現象は解明される、というのは単純思考でしょう。しかし、生命現象を物理現象として解き明かすことで、生命科学に新しい光が射すという方向へ進むのではないでしょうか。

学問に、学部に、専門に消長はつきものです。しかし、古い学問・学部・専攻に新しい光を当ててこそ、学問を選ぶものの心意気が示されるのではないでしょうか。

第18章

『大学教授になる方法』はもう古いか？

『大学教授になる方法』は牧歌的時代の産物で、甘い幻想をまくだけだ、か？

拡大の一途をたどった大学の高度成長期は終わりました。ということは大学の教授ポストの拡大は見込めない、むしろ縮小するのでは、という憶測が成り立ちます。この憶測が正しければ、大学が氷河期に入ったということは、教授への道も凍結状態になる、すでになっている、ということにもなりますね（ただし、それは憶測で、事実としても、推論としても正しくない、とデータを示し、説明してきました）。

こんななかで「大学教授になる方法」などを語るのは欺瞞に等しい、幻想をふりまくだけだ、という声があがっても当然だと思います。事実、インターネットをサーフィンしていたら、『大学教授になる方法』（1991年1月刊行、実践篇は同年12月刊行）は「大学牧歌期」には妥当しても、バブルが潰れたいまは過去のものになった、大学教授になるのは甘くない、という記述に出会いました。このような拙著に対する意見を、直接ぶつけられたことはありませんが、いく度か目にし、耳にしたことがあります。読者のみなさんのなかにも、同じような感じを抱いている方がいると思います。

大学教授になるのは生やさしくない

この本がでたとき、私の思想上の先達で、哲学史上の巨人でもあった故廣松渉先生（東大教授）から、大学教授はいったんなってしまったら楽ができることは事実だが、なるのは生やさしくない、鷲田君自身もその経験者でしょう、この本は私のまわりにいる研究ポストを必死で探している若い人たちの努力や苦悩に冷水をかける結果になるのではないでしょうか、という主旨の苦言を葉書でもらったことを憶えています。廣松先生は励まし一方の人で、私信では後進の「デメリット」をストレートな形で指摘する人ではありません。よほどカチンときたのでしょう。

たしかに、大学教授になるのには困難が伴います。私は三重短期大学に最初の職（専任講師）を得ましたが、33歳で非常勤講師歴10年目にあたります。しかし、私は幸運だったのかもしれません。私のもっとも近しい大学時代からの有能な友人は、途中で国立大学に在職（助教授）したことはありますが、定職をもったのが50代のなかばで、30年間非常勤講師で凌いできたことになります。いくど、彼の手のなかからつかみかけたポストが滑り落ちていったでしょう。

「難しい」、しかし「生やさしい」

大学教授になるのは、一般の企業に就職するのとはわけが違います。当然、困難が伴います。

しかし、もっとも困難だといわれた哲学科でも、私がもっとも遅い就職者でした。大学を卒業して10年頑張れば、大学の研究職にポストを得ることができる、というのは、私の経験則でもあり、現在も変わっていないのではないでしょうか。

確かに、私の知りあいには、望んでトライしても、いつまでもポストが手に入らない人がいます。しかし、そういう人には致命的な共通する「難点」があるのです。曰く、大学院に入っていない（書類審査で落とされる）。曰く、「論文」が独りよがりだ（論文審査で外される）。曰く、尊大にすぎる（面接審査で落ちる）。曰く、審査基準に全部かなっていても、エネルギーが感じられない。この四つです。あなたはこの四つの条件にあてはまりますか？

しかし、この四つがそろっていなくても、あるいは、一つもなくとも、教授の椅子にでんと座っている人の数のほうが圧倒的に多いのです。私は、少なくとも私の経験則に照らして、こう断言できま

す。

10年の継続した研究活動は、やさしいか

私は、私の本で、「偏差値50でも大学教授になれる」といいました。ただし、無条件にではありません。10年間研究生活に専心できたら、というのが条件です。研究者になりたい。その好きな研究を10年間やり抜いて、研究能力（持久力と集中力）を身につけるもっとも簡便な手段が大学院コースです。

10年間、研究活動に専心する、毎日、着実に階段を一つのぼるように生きる、というのは、しかし、やさしいことでしょうか？　難しいことでしょうか？　もちろん、定職をもっては、普通では無理です。だから、私は長い長い休みが見込める非常勤講師の口を必死で探しました。

一日や二日、研究活動に専心するのはそれほど難しいことではありません。むしろやさしい、楽しいことで、誰にでもできます。しかし、その誰にでもできることを10年続けることは、生やさしいことではありません。私の周囲を見渡して、そのような生活を送っている人は、じつに二人しかいなかったと思います。一人は私で、もう一人は、私に最初のポストを「斡旋」してくれた友人です（もちろん斡旋料などありませんよ）。

大学の拡大期と減退期では状況はまるで違う

私はたしかに大学の拡大期に職を得ました。じゃあ、ポストを得るのはやさしかったでしょうか。そんなことはありません。めちゃ困難でした。それも、あんな「バカ」でも、こんな「しょもない奴」でも、そんな「××××」でも教授になっているのにです。いっこうに私の前にはポストのポの字の「影」もほの見えません。

情報が公開されていなかった

それは、第一に、今どの大学のどの学部や学科、講座に、どんなポストが空いているのか、を知る手だては、自分の所属している学科を超えると、大学院生をはじめ、教授会の構成員以外の人間にはわからない仕組みになっていたからです。

第二に、情報公開されないだけでなく、人事は教授会の決定事項とはいえ、実際は、ポストを支配できる有力教授の意で決まるのが普通でした。したがって、その他の教授は局外者も同然というのがほとんどで、二重の意味で外部のものにうかがい知ることのできない秘密人事が横行していたのです。

教授の推薦（コネ）がなければ応募も不可能だった

もちろん、形式上は公募もありました。しかし、何かのきっかけで公募の情報をキャッチしても、自分が所属する教室や研究室の教授のプッシュがなければ、事実上は公募に応じることはできなかったのです。教授から「×○大学にポストがあるが、行ってみないか」という誘いがこないかぎり、願書を出すことさえ難しかったのです。第一、「自主独立」で応募したら、手前勝手なことをする奴だ、というので推薦状はもらえず、たとえもらえたとしても、就職の邪魔をされないのがせめてもの救いで、その時をかぎって教授との縁が切れる覚悟が必要でした。

情報公開・自由市場・市場拡大は進んだ

しかし現在はどうでしょう。教授たちによる秘密人事や市場独占がまだ残っているとはいえ、情報公開は特段に進みました。知ろうと思えば、誰であろうと全国の公募状況をキャッチすることができます。公募に応じることができるようになりました。自由市場になったのです。

たしかに、一つのポストをめぐる競争倍率は上がりました。しかし、それは情報公開が進み、自由市場になった結果でもあります。願書をだすチャンスが増えたのです。それに、市場は流動化しました。純血主義を誇った東大や早大でさえ、自校（学閥）以外から積極的に有力教授をヘッドハンティングするようになりました。そして、市場ははるかに拡大しました。大学のポスト数は、巨大な労働市場の一つになったのです。

それでというわけではありませんが、札幌大学出身で、神戸大学後期博士課程在籍中に、国立大学の助手のポストをゲットした、という葉書が2000年7月に舞い込みました。入江君、おめでとう。

タフでなければ大学教授にはなれない

いったん職に就けば、古いノートを読み上げるだけというような授業は姿を消しました。形の上では論文を書いたり、調査に追われたりで、うんと自由時間が減りました。会議や雑務が増えました。私が『大学教授になる方法』で描いたような古き良き時代の牧歌的風景は減りました。大学教授はのんきな商売ではなくなったようです。この点では私の本はたしかに古くなりました。

しかし、これは過去と比較してのことでしょう。他業と比較したら、教授はまだまだ断然素敵な職業です。だからまた、大学教授になってみたい、という人が絶えないわけでしょう。

しかし、大学教授になりたい第一の理由は、自由な研究がしたいからでしょう。そのために長期休暇もあるわけです。教育に情熱をぶつけたいからでしょう。なってからも、着実に研究をし続ける。これには終わりがありません。だから素敵なんでしょう。教育活動に工夫と熱意を欠かさない。これが当然の責務でしょう。大学教授に「労働時間」などという概念はありません。つねにフルタイム操業です。

大学教授になる前もなってからも、知的にも気力的にも体力的にも、研究教育活動ばかりでなく、人間関係においても、タフでなければなりません。タフでない人は教授になれないし、なれてもつとまりませんよ。

クリアでなければ職を得ても楽しくない

それに、頭をつねにクリアにしておかなければなりません。頭が錯綜していると、手ものろくなります。そのため、研究に支障をきたすばかりか、雑事を迅速に片づけることができず、ただただ「忙しい！」というふりをして過ごすような人間になります。論文が書けない、という人がいます。きつい言い方をすれば、トロイ奴にすぎません。

エッ、頭をクリアにする方法を教えてくれないか、ですって。お引き取りを。

好きでこそ大学教授

どんな仕事であれ、好きだから打ち込めます。また、打ち込むとおのずと好きになります。大学教授とて同じです。

Ⅳ

サラリーマンから教授へ

——事例研究　Q&A

第19章

読者から熱い質問が大挙到着！大学教授になる諸「困難」の質問に答える

この連載をはじめたところ、大学教授をめざされている方々から数十通のメールがきました。あらためて反響の大きさに驚いています。多くは長文で、質問だったり自らの境遇を書きつづったいわば事例研究だったりします。いくつかのケースをご紹介します。

※　　※

【CASE1】研究者への遠き道のりの途上で（事例報告）

25歳、国立H大学の研究生で、専門学校講師をしています。学位は修士（学校教育学）。某大学技官から某大学助手となった父と、看護婦から転じて現在は某大学講師をつとめる母がいます。鷲田先生は「偏差値50あれば大学教授になれる」とおっしゃいました。しかし、自分はそれには遠く及びません。高校時代の模試の偏差値は42。今でもよく浪人せずに大学に行けたと思います。

もっとも、英語の不得意が現在まで響いて博士後期課程の入試は不合格でした。以下は大学から現在までの歩みです。

大学在学中

高校までは、典型的な勉強嫌い。暗記が不得意。大学では講義が楽しくて仕方なかった。自由履修だから興味にあわせてとることができる。帰省するたびに父親の研究室の仕事を手伝い、知的な刺激を受けてきた。よい先生にも恵まれてきた。それで「人にモノを教えるという職業に就くのもいいなー」と漠然と考えるようになり、すぐに教育関係の研究会の会員になったりした。迷わず3年次から教職課程も履修。両親の研究活動を見ながら、大学院への進学を頭の片隅で意識しはじめたのもこの前後から。大学4年次に、教育実習に母校の高校に行く。

私自身、高校まで指導要領に則った授業になじめなかったが、実習でも散々の結果で、教員はあきらめたほうがよいと完全に自覚。その後は教員採用試験との併願をあきらめ、大学院入試一本にしぼる。

大学院入試苦労記

進学した学部には院はなく、他大学に出るほかなかった。当時の指導教授は「あまり僕の人脈は広くないので……」と言われ、自分自身で大学院探しをおこなう。

大学院のハウツー本には「願書提出前に事前に指導教授と面会しておかなければならない」とあった。人脈もなく、また数人の先生にアポをとるも、見ず知らずの人間であるためか、会うことも、電話でもだめで、外部の人間には冷たいことを実感する。困り果てたとき、父の知人が「うちの大学も受けたら」とすすめてくれ、現在所属する大学を受験。その方は自分の希望する系統とは別の講座の先生だったが、資料などを提供してくれ、宿の紹介や受験当日は演習室を勉強場所に提供してくれ、助かった。ただ出願から受験までの日数が十分ではなく、専攻予定の講座の教員とは会えなかった。

英語の試験は学部入試とほぼ同レベル。専門試験は所属する系統別で研究室別ではなかった。社会科学系は出題範囲が広く、政治・経済・日本史・世界史・自然地理・人文地理・社会科教育などの各ジャンルから出題。全15問から2題選択で、得意な問題で勝負することができた。面接はなかなか手厳しかった。研究計画はあまり強い突っ込みはなかった。

教育大学の修士課程の一例

進学した大学院は定員の3分の2が現職の教員で、当然平均年齢は高く、社会経験が豊富な人が多い。授業は講義中心。院生の多くが勉学・研究を中断してきたこと、現場経験があるということで、ストレートの自分には大変つまらなくもあり、逆に新鮮でもあった。概していえば、高校以上の教員には不向きである。専門性が甘く、中心科目が教育実践系統で、小中の教える技術中心の研究になりがちである。

各種の分野の教官がまんべんなくそろっているとはいえ、院生の希望する研究分野と、教官の研究分野は大抵の場合合致せず、研究計画の変更はしょっちゅうで、指導教官がかわることもあった。

自分も研究計画を完全に変えた一人であり、受験時から都合2回完全に研究テーマを変更し、ゼミをかえた。現在のボスは専門分野内であれば比較的自由に研究をさせてくれた。ただし、その分指導も曖昧で、修士論文の中間発表会でもヒヤヒヤもので、最後の口頭試問でも先生がフォローしきれないという状況であった。何でもやらせてもらえるというのも危ない橋を渡ることになる、と実感した。

まわりは多くは給料をもらって派遣された人。自分との身分差にびっくり。県によっては、幹部養成に利用しているらしく、勉強する意志のない人を送り込んできており、お役人そのままに通り一遍の文部省（当時）見解を言う人もいる。こんな人と議論していたら、なんと時間が無駄なことか、と実感。研究せずに遊びに行く（ゴルフ、パチンコ、＊＊＊）のはしょっちゅう。そんな人たちと一緒のゼミになると真面目にやるほうが馬鹿にされる。大多数は真面目にやっているのに、一部の人が目立つ。財政危機の状況で、一人あたり事務経費を含めて約１０００万円のコストがかかるといわれる派遣制度には疑問を覚える。教員を休職して自費できている研究熱心な人が不憫でならない。

お気楽研究生活

とはいえ研究生（研究者浪人）はお気楽。好きな研究やり放題、図書館使い放題、教官の指導受け放題。多少の雑用や学部生・院生の相談相手といったことはやるが、基本的には何をやっても文句を言われないし、面倒な講義といったものもない。時間も基本的に自由。給料なしの「助手」というところ。専門学校の非常勤講師で書籍代程度の給料は稼ぐが、たいがいの親なら「（もっとちゃんと）就職してくれ」と言うところだろう。

私の場合は、両親がたまたま同じ系統の仕事をしているために、研究職に就く困難を知っていて、生活費を援助してくれている。恵まれているといえばそうだが、「○○先生の息子さん」というレッテルがつき、まわりのプレッシャーがその分大きくなる。大学への就職には、本人とともにバックボーンの力が重要で、出身ゼミの影響ももちろんある。「この世界は人間関係だけなのかなー」と思うことが近頃は多い。そのため学会の懇親会とかでお酌しまくって名前売りまくることになる。

将来への展望

たぶん数年間はこんな生活が続くと思う。多くの大学が30歳を採用のひとつの基準にしており、博士課程修了程度というのも多くなっている。私は、博士後期課程をめざしているものの、自分自身の研究力以外の要素（語学力など）が障害になっている以上、地道に論文を書き続けることになると思う。

※　　※

頑張っていますね。でも周囲のことはいいのです。もう進路は決まったのですから、バックがあるなしにかかわらず本人の力が最重要なのです。それを信じる以外にないのです。

【CASE2】文部省の資格審査が心配でたまらない

鷲田先生に質問があります。私は早稲田大学政経学部を卒業後、金融機関の研究部、調査畑を歩いてきました。教育歴はないが、3冊の関連著書があります。実は、2000年に新設予定の経営学部の助教授に内定（教授会決定）しています。ただ、心配なのは、99年6月の文部省による教員資格審査。はたして審査に通るかどうか心配なのです。大丈夫でしょうか？

※　　※

柱になる科目の教授は別として、よほどのことがないかぎり、助教授や（研究）助手は、数本の業績で資格審査はOKです。まず心配ないでしょう。

＊この方は2000年、無事採用されました。

【CASE3】
50歳からでは無理か?

私は50歳の女性。某短大の学長秘書を長らくつとめる傍ら、秘書学を勉強して将来大学教員になるチャンスをつかもうと、学歴、非常勤講師歴、学会発表、論文作成を積み上げてきました。いく度かチャンスがあったものの、年齢も一区切りで、断念しようとも思っているが、どうしたものでしょうか?

※　※

この方とは直接面談したのですが、私は、次のようにお答えしました。「キャリアも、業績も、それに人柄もいい。チャンスもあった。成否は別として、研鑽を積むこと自体があなたの人生の励みになってきたはず。それを断念する手はないでしょう」と。

彼女は「気持ちが吹っ切れた」といって帰られたのですが、その数日後、次のような内容のお便りをお寄せくださいました。

「お話をお聞きして、頭をガツンと殴られたような気がします。『大学教授になろうと思った人は皆なった』『大学教授になるのは50代でいいじゃないか』という先生のお言葉は、人生の岐路に立つ私にすごいパワーと希望を与えてくれました。面白いことに、気持ちが決まったとたん、就職の話が舞い込んできました」

その後、この質問者から、1999年4月からK短大専任講師として「職業生活の再出発をしました」と書かれた葉書と労作（オフィスワーク演習ノート）が送られてきました。うれしくなって、すぐにおめでとうの電話を入れたのはいうまでもありません。

【CASE4】大学院に進学したいが、仕事との両立ができるか不安だ

私は34歳。短大を卒業後、外資系企業に就職しましたが、現在はそこを辞めて、派遣社員をしながら大学通信課程に通っています。いまは卒論指導を目前にしています。卒業後は、大学院に進み、大学教員になりたいと思っています。大学院に進む形として、①働きながら夜間大学院に、②軍資金を貯めて昼間大学院に、③学卒で助手になって大学院、等の方法があると思うのですが、

本来、不器用なので、夜間大学院だと仕事も勉強も中途半端になりはしないかと不安ですし、社会人大学院では将来不都合が生じるのではと心配なのです。就職のリミットは99年秋なのですが……。

※　　※

この方は、編集部宛に電子メールで質問を寄せてくれました。書面では答えるのが難しい質問です。そこをご承知のうえ、聞いてください。

まず、③は現在のシステムでは不可能です。助手と学生（院生）とは兼任できません。またすぐに研究助手になるのも、相応の専門性と業績がなければ難しいでしょう。そこで、①夜間大学院をとるか②昼間大学院をとるかは、あなたの気力と体力の問題です。私としては、アルバイトをしながら社会人大学院に通うのがベターなように思います。社会人大学院が将来不利になるという理由はありません。問題は、そこであなたがどれだけのことを学び研究するかです。これから大学の新規採用は、どんどん「任期制」（有期限の契約制）になります。学歴や資格より、実力本位です。本当に研究教育を熱心にやりたい人にとって、チャンスが増えるのです。

【CASE5】通信制大学院からでも大学教授になれる道はあるか？

現在、小学校の教員をしていますが、大学院で学びたい、大学教員になりたいと思っています。

派遣教員制度を利用したいのですが、ヒラ教員では応募書類等を集めるのも難しいし、校長先生も親身になってくれません。いっそ教員を辞めて大学院に行こうとも考えましたが、実家から遠いし、昨今の不景気のため、教員を辞める自信がなくなりました。最近、新聞で通信制大学院の記事を読みました。この制度を使っても大学教授になれるでしょうか？

※　※

この方も編集部に電子メールで質問をお寄せくださいました。正直いって、この手の質問がいちばん答えにくいのですが、まあ我慢しましょう。

本当に派遣制度を使いたいのなら、「応募書類が手に入らない」などという泣き言などいってはいけません。自分で探せ！　ご自身で探して、校長先生の心を動かすのです。

小学校教員を辞めるな、というのがいちばん簡単な答えです。その上で言うなら、何かを犠牲にしないで、よりいいものを獲得できないのがこの世なのです。遠隔地だから、実家がどうだから、などというのは最低の理由です。

もちろん通信制であろうが大学院をでたほうがいいですが、でなくたって大学教授にはなれます。問題はあなたが研究と教育能力をどう組み立てるかです。

自分で組み立てることができる人が少ないから、大学院という制度があるのです。「制度」は階段のようなものです。のぼるのはあなた自身の足です。あなたが、あなたの質問だけの人なら、大学教員としてもっとも不適合な人なのですよ。

【CASE6】「質問」に気をつけるべし

じつにじつに困る電話について話しておきましょう。

連休中、それも仕事でがんがん煮詰まっている最中、女性から電話がかかってきました。聞くと、ひと月ほど前、大学に手紙で質問してきた方です。その人はこういう趣旨の質問をしてきました。

※　※　※

「息子が大学受験の進路を決める時期にきた。夫は、普通の会社に就職するなら、経済学部がいい、という。しかし、息子は歴史が好きだ。夫が図書館で先生（鷲田）の『大学教授になる方法』を借りて読んで、大学教授になる道があるということを知った。もし可能性があるのなら、息子の希望を入れ、大学教授になる道を歩ませてやりたいが、どう思われるか？」

※　※　※

こういう質問の電話が一番困ります。答えようがない。手紙なら無視できる（私は返事を出さない原則ですが、それでも、出さない、という事実で心が痛みます）。電話では、ガチャンと切るわけにはいきません。私の著書、あるいは、この連載を読んでください、という以外何もいえないじゃないですか。まず、次の注意事項を書いて、柱にでも貼ってほしいものです。

［禁止1］親が子供にかわって「質問」をするようではいけない。

［禁止2］まったく未知の人に「電話」で「質問」をしてはいけない。

この2つの禁止の意味がわからない人は、困るのです。どうしようもないのだ、というしかありません。わかりますか？　わからない人は、何の職業を希望するのであれ、大迷惑な人なのですよ。

【CASE7】これから増加する社会人大学院入学者

最近の新しい現象は、社会人の大学院入学者が増えてきたことです。社会人入学者数は、1988年、修士課程1087人、博士課程300人だったのが、2000年には、修士課程6910人、博士課程2496人になりました（文部科学省大学課調べ）。この傾向はさらに続き、夜間大学院や通信教育大学院、高度専門職業人養成の大学院等の拡充や創設によって、ますます大学院の社会人入学者は増大します。

この本の冒頭の「はじめに」で登場いただいたS県立女子短期大学講師（B研究室）のMH氏は、この社会人大学院入学の実例なのです。

MH氏は教育大学の出身で、中学の教師になり、「壮絶」ではあったが、やりがいもあり楽しい教師時代の4年目、出身校に大学院ができたという話を聞きます。現場の教師が1年間の研修という名目で大学院で学べるという制度を利用して、いろいろな障害がありましたが、1991年に入学します。第一期生は4人でした。MH氏は、中学教師を続けながら大学時代十分に学べなかったことを研究できたら、教師の活動にもプラスになるのでは、というわりとソフトな気持ちで入学します。大学教師になろうなどということは、まるで念頭になかったそうです。

ところが、入学後間もなく、生協で拙著『大学教授になる方法』に出会い、修士を出れば、私でも大学教師になる資格がある、ということに驚きの感じをもったそうです。『実践編』が出てすぐに購入し、「ああ、やっぱりそう簡単にはなれないな」と感じますが、「よし。たとえ実現しなくとも、大学の教員になるつもりで、ここに記されているような道を積極的に進んでいこう」と強く決意したそうです。中学3年生の担任を続けての、大学院で17時30分始業の授業はきつかったし、結婚して子どももできたばかりという「怒濤の日々」でしたが、2年間で、ようやく修士論文だけを残すというところまでこぎつけます。しかし、修士論文を仕上げるまでにあと2年間かかり、在学は4年間でした。次に、その後、中学教師を続けながらのMH氏の「努力」を列記します。

(1) 指導教官から学会発表をすすめられた。修士論文を基礎にすればいいといわれ「やらせていただきます」。
(2) 指導教官から、一度だけ、研究者になるつもりはあるか、「家を離れるということになるのはまずいですか」と聞かれた。「とても務まりそうにもないと思うのですが、やってみたいという意志はあります」、「どこでも行こうと考えています」。
(3) 共著執筆にも積極的に参加し、実績作りをする。
(4) 96年6月、その指導教官から「君は家を離れることになってもいいといっていたので、普段なら気にもとめない公募だったが、条件に合うと思ったので知らせます」という電話が入った。応募を決意。
(5) 業績は、著書2点(共著)、論文2点(修士論文と学会発表後学会誌に載った論文)、口頭発表2点(学会発表ほか)、その他。
(6) 9月面接、応募者は13人であった。コネもないのにすぐに採用が決定。
『大学教授になる方法』のマニュアルどおりにおこなった結果だ、とMH氏はいいます。そして、現在、「まるで天国」を味わっているそうです。

MH氏は幸運でしょうか。間違いなく運がいいでしょう。しかし、①大学院入学で学力以外の「外的障害」を自力で乗りこえた。②本業で遅刻せざるをえない場合でも、たとえ最後の10分でも授業に出る積極性を発揮した。③ひるむような条件でも、所期の目的を達成するためには、チ

ャンスを的確につかむプラス志向で臨んだ。加えて、重要かつ当たり前のことかもしれないが、

④中学教師という本業をおろそかにしなかった、といった努力をされています。

私の推測ですが、文面からして、ＭＨ氏はいつも次のチャンスがある、と考える明朗な性格で、他人をうらやむことがなく、他人に好かれているのではないでしょうか。これらは、簡単なことに見えて、実は難しいことなのです。これあればこそ、ＭＨ氏は大学卒業後約10年後に大学教師になれたのではないでしょうか。

対談

〝師弟対談〟で検証する「サラリーマンが大学教員になる方法」

連載時からの読者である森宏之氏は、金融関係の企業に勤めながら大学院で学んでいた最中、勤め先の倒産という事態に見舞われた。しかし、それを逆手に取り、大学教員で〝食べていく〟ことを決心。修士課程修了直後にして、見事、青森短期大学専任講師就任を成し遂げた。いわば研究者、大学教員への転身をめざす社会人たちの〝希望の星〟である。そんな森氏が大きな影響を受けたのが、鷲田小彌太先生の「大学教授になる方法」シリーズだったという。そこで、氏が〝人生の指導教官〟と仰ぐ鷲田先生との対談をセッティング。それぞれの立場から後進へのアドバイスをしていただいた！（構成／編集部）

社会人から大学教師へと至る道――――――

――本日は〝師弟対談〟ということで、森先生が社会人から大学の教壇に立たれるまでの道の

りを師匠に検証していただきつつ、これから大学院生をめざされる方、大学教員をめざす方へのアドバイスを、お二人にうかがおうと思います。

森　ちょっと怖いですね。大体師匠というのは弟子に厳しいものですから（笑）。

――森先生は会社に勤めながら大学院に行かれていたわけですが……。

鷲田　社員を大学なり院なりに行かせる場合、会社の対応には3つのタイプがあるんですよ。まず「行ってほしくはないけれど、仕事を評価しているからいい」という会社、これはもう最高ですよね。それから「お好きに」、つまり「辞めてから行きなさい」という会社、「絶対に行かせない」という会社もある。その点、森さんは幸運だった。いや、幸運ではなくて、ちゃんと会社に評価されていたわけです。仕事の手を抜かなかったんでしょう?

森　仕事がだめだったら、それどころじゃないと考えていましたから。

――で、大学院で学んでいるうちに「教える側に立ちたい」ということになったと。

森　当初は「企業に勤めながら大学の教壇に立てればいいな」ぐらいだったんですが、そのうちにやはり「できればそういう分野の仕事で生活がしたい」という気持ちが強くなってきまして。そんなときにたまたま会社が倒産したんですけれども、鷲田先生が書いておられるご自身のケースと同じで、私の場合も、友人や先輩に「こういう所でちょうど経済学・経営学関係を教えられる教員を求めているが、どうだ」とお声をかけていただきまして、それで道が開けたという形です。

鷲田　友達がいちばんいいんですよ。その大学で別の教科を教えている人とかね。特に40代ぐらいというのは、いい友達が多いとチャンスがあるよね。ただそういった人脈は大きいけれども、本人がいい人でないとだめですよ（笑）。それに昔と比べると、コネやつてで決まるようなことは基本的になくなった。それは普通の会社でもそうでしょう。

――森先生は、修士課程を修了されてすぐ採用されたわけですが、そういうケースは多いんでしょうか。

森　少ないと思いますね。私の場合、先ほどもいいましたように人の縁に恵まれたということが大きいかと思うんです。いちばんポイントになるのは、やっぱり〝なりたい〟とまわりにアピールすることですね。心の中で〝私は大学の教壇に立ちたい〟と思っているだけでは、まわりは誰も動いてくれません。ただ家で

撮影／矢島幸紀

森　宏之（もり・ひろし）
青森短期大学商経科専任講師。1956年生まれ。早稲田大学社会科学部卒業。リース会社に勤務しながら、96年4月、法政大学大学院社会科学研究科修士課程経済学専攻（金融市場プログラムコース）入学。97年、勤務先の倒産により退職。コンサルティング会社に勤めながら、98年3月、同大学院修士課程修了（修士号取得）。同年4月より現職。同時に青森大学社会学部と経営学部兼任講師も務める。著書に『キャリアアップのための大学院進学のススメ』（中央経済社、2001年4月）

待っていたら、勝手に話がくるとかいうものじゃありませんので。それで自分を買ってくれる人がいれば、動いてくださるし、こいつはだめだと思われたらそこまでですし。

社会人出身者のアドバンテージ――

森　それと社会人経験者の場合は、採用するときに求められているものが最初から少し違うのではないでしょうか。

鷲田　実務をやった人なら、別に修士も出ていなくてもいいんですよ。森さんの場合は、マスターでも専門的な分野のツールとかキャリアがある。それを評価して大学は受け入れるからね。これからはもう、それがうんと多くなるんじゃないかな。

――鷲田先生は哲学、森先生は金融がご専門ですが、そういった専攻の違いが影響する部分はありますか。

森　やはり純粋にアカデミックな部分となると、大学、あるいは大学院のなかでずっと勉強を続けていた方のほうが有利ではないでしょうか。一方で、最近ようやく東大でも金融工学のコースができましたが、そういった方面は実はこれまで民間の金融機関のほうがずっと進んでいたんですよ。ですから、既存の大学の中で扱っていない学問、いわゆる社会経験の幅広さが求められる分野であれば、実際に知識を持つ社会人にアドバンテージはあると思うんです。

鷲田 大学側は、全体のバランスを考えつつ、「こういう方面の人を採りたい」と大体決めて公募するんですよ。例えば「実務ができる人を採って学生を養成しよう」とかね。実務の方ばかりだと大学でなくなってしまう場合もあるし、研究者タイプばかりだったら、別に大学である必要はなくて、研究機関にすればいい。やっぱり大学が社会人に期待しているのは、教育熱心で、自分の今まで身につけてきたツールを学生に熱心に教えてくれて、しかも立派な人ということですね。研究者としての期待はまた別問題ですが。

――森先生の場合、面接のようなものもあったのですか?

森 ありました。例えばどういったことが教えられるかといったことや、発表したものについて説明してくださいと。それから経歴ですね。私の場合は、教師としての経歴がないから、実務でどういうことをしてきたかを……。

鷲田 会社と同じですよ。30人来たら、書類選考して、この人は採りたいという人を先に決めますから。第1、第2、第3と複数の候補を決めて、面接する。つまり競合です。

――森先生は、ご自分の何が評価されて、採用につながったと思われますか。

森 どうなんでしょうね。難しい質問ですね。

鷲田 それはもう意欲ですよ。職を捨て、これからゼロになって大学教師をめざすというね。なりたくても、嫌だといわれるかもしれないんですから。あるいは5年間は待てと。5年間待った後に、あと5年待ってくれと(笑)。5年でだめだったらもう一回考えてまたやろうと、そういう意欲がないと。森さん、そういう気持ちだったでしょう?

森　そうですね。私の場合、やはりちょうど勤めていた会社が倒産してしまったことで、ふんぎりがつきましたね。それまで、企業の中では割と順調に仕事をさせていただいて、ビジネスではそれなりの自負があったけれども、結局人生はどうなるかわからないんだと。ならば、これからは貧しくても自分のやりたいことをやっていきたいと思いました。ですからご縁があってこういう場所にいるのは、すごくうれしいと思っています。いちばんやりたかった仕事ですから。私も、勤務先がもし隆々としていたら非常に悩んで、余技としてどこかで非常勤か何かでちょっとやれたらうれしいなぐらいの、趣味の範囲になったかもしれません。だから、鷲田先生のおっしゃるとおりですね。やっぱり覚悟。私も生活のためにどんな仕事でもやっていかなければとも一応考えたんですが、妻が賛成してくれましたので。

鷲田　奥さんが賛成してくれない人はだめです。大体離婚します。もし研究者とか大学の教師になろうと思ったら、非常に単純で、金がないんだったら家族をもたないこと。もし家族をもったら十分に食わすこと。その場合は2倍の体力と2倍の情熱がないといけない。それぐらいハードなことでもあるんです、学ぶというのは。でも、40になって志すというときには、反対はないと思う。大学の教師は社会的に安定していると思われているしね。

森　みたいですね。

鷲田　実際に安定してるんですよ。たとえ給料は半減しても、研究室はあるし。それに、時間というのは買えない。

森　それは痛切に思いますね。

鷲田　それと、自分に対しての誇りだよね。ただこれからはわからないけどね。僕は大学が潰れるとは思わないけれども、教師で必要のない人はたくさん出てきますからね。

森　18歳年齢の人口がどんどん減っていきますから。そうすると、お客さんである学生の数が減ってきて、当然経営というものが変わってきますよね。大学の先生方でも、そういう危機意識を感じたことがない人はいないんじゃないでしょうか。

鷲田　自分がクビになるとは誰も思っていないけどね（笑）。甘いんですよね、まだ倒産してるところがないから。やっぱり給料が半分になるくらいにならないと。普通の会社でも本当は不安定なんだけれども、安定していると思ってみんな安心しているわけですよ。それが、実際には何パーセントかは完全にリストラをしちゃったからね。日本の社会がここまで変わるとは思わなかったけど、大学も変わりますよ。だから教師になってからも、意欲をアピールしないとだめですね。

「教育者」であること

鷲田　僕が困るのは、電話などでどうやったら研究発表できるかと質問する人がいるんですよ。そう聞かれても何も答えられないんです。例えば、日本哲学会で発表するのは難しいけれど、地域の北海道哲学会とか札幌大学哲学会とか、自分で作ってそこでやればいい。発表経験の有無を問うのは、一流の論文を書いたかどうかというより、意欲を見るんです。稽古をして強い力士と、しなくても強い力士がいるでしょう。でも、稽古をするということは、頑張っているのを示すことですよ。そこはすごく大事だと思う。大学に入ってしまったらもう稽古をしなくてもいいから、それが問題なんですね。

森　やっぱり学生と接することは楽しいし、何がしかペーパー（論文）を書いて、それについて人と議論することも楽しいと思っていますので、そういうことをできるだけやっていきたいと考えています。

鷲田　森さんの場合いちばんいいのは、新鮮なんですよ。僕みたいに26から教えて、クタクタになったジジイと違いますよ。新しいことをはじめたんだから。いま25～26歳の感じでしょう？　つまりリフレッシュするんです。それも自分の意思だけじゃなくて、奥さんや友達の思いも入っているから、なおさらね。その辺りの、「学生に対する良質な教育サービスの提供者」という面も、社会人で評価される部分ですね。

森　それは大学の先生にもいわれました。「いまはとにかく無我夢中だろうから、やっていて楽し

いはずだ。オレも楽しかったし、みんな楽しいんだ。だけど、5年ぐらいたったら嫌になることが出てくるかもしれない。それを乗りこえて頑張りなさい」と。やっぱり何をするにしても数年間は手探りですから、例えば同じ科目を教えても、去年と今年は違うことをやらなければならないとは思いますが。

鷲田　いや、それは1年、2年じゃなくて、これから20年も30年もやってほしい（笑）。

社会人出身者の弱点

鷲田　ただ、森さんを前にして失礼だけど、ビジネス界で活躍してきた人は、すぐに意欲が薄れるんですよ。知っているかぎり、本当の研究者になっていい成果を残した人はあまりいないでしょう。何もしなくなるか、学長になりたくなるか。僕は確率からいうと90%、いやそれ以上がそうだと思う。やっぱり大学は5、6年いるとおいしくなりますからね。本当ですよ。金融論は特にそうです。会社の組織をあげて、10億円の資産で100億とか200億を動かしていたのが、大学は50億のお金で50億を動かすんですから。そこはすごく違うところなんです。森さんは会社が倒産して、生き方が変わられた人だから、残りの1割になってほしいと思いますね。それと、研究というのは40代になってから簡単にできるというものじゃないんですよ。

森　やっぱりかなり継続的にやっていないと。

鷲田　よっぽどの天才は別ですが、若いときにある程度のことをちゃんとやっていないと、身につかないんですよ。学問をちゃんと積んでいく経験をされてこなかった方は、過大な要求を自分に課して壊れるか、逆にまあ楽なほうがいいやということになるでしょう。僕は実業界の方が教師に転身するというのはもう大歓迎だし、教師としては絶対にすばらしいと思うんですけれども、なまじの研究で「私は実務を知っているから」と言うんだったら、「待て、ケインズぐらいになってから言え」と（笑）。

大学教師になれない人はいない

――大学院に入って将来大学の先生になりたいと思っている人のうち、実際になれるのはどういう人でしょう。

森　企業、あるいは研究所や銀行にお勤めで、大学の教授になられた方はたくさん存じ上げていますが、そういう方は最初から、なまじの学校の教師よりもずっと研究実績をあげられているわけです。ただ社会人大学院の場合は、どちらかというとビジネスマンを養成するという色彩が強くて、例えば論文なしで卒業できるコースになったりしていますから、やっぱりそういう意識をもっている人というのは少ないんじゃないでしょうか。特に金融業界は、賃下げとかいわれても他の業界に比べれば待遇がすごくいいですから、いまの職をなげうって、採用されるかどうかわからないような職に就くギャンブルをする人は、なかなかいないと思います。

鷲田　大学教師になろうと思って自分の人生を選んだ人で、なれなかった人はいませんよ。大学の教師は、ちゃんと選抜を受けて入った大学院で養成されるわけですから。なれない場合の理由は二つあって、一つは外的な理由で大学院に行かなかった人ね。やっぱり院を選ぶときに、みんな躊躇するんですよ、奥さんもいたりなんかして。それからもう一つは、安易になろうとする人。やはり「なるんだ」と思うだけじゃだめです。ちゃんと努力して、それを途中でやめなければ、必ずなれるということです。日本の大学は68年から急増して、それらがいまちょうど30年たっているんです。そういう大学の先生方が、もうみんな定年を迎えるので、毎年、大量に辞めています。そうすると、新しい、もっと広い需要がいまはあるんですよね。少なくとも毎年、万人台の新規採用がある。なんせ大学教員はいま20万人いるんですからね。教師採用には正式なルートがない。でも、意欲があってちゃんといい業績を残したら、みんな見てくれるの。そこはいい業界ですよ、本当にね。

——森先生が考える資質というのは何かありますか。

森　やはり他人に愛されることでしょうね。別に女性にもてるという意味じゃないですよ（笑）。だって、やっぱり嫌な奴のために一肌脱ごうなんて人は、誰もいませんよね。そういう要素というのは意外と、自分の意思とか、自分の努力以外の部分としてあると思います。これは打算では作れないものだと思いますね。先ほど鷲田先生がおっしゃったように、普通の社会人から大学の教師になる道というのは、やはり客観的に見て狭いし、難しいことは事実だと思うんです。ただ、可能性はあるし、そういう意欲のある方は、やっぱりどんどんトライしてもらいたい。そうすれば、大学側もいままで以上に、社会でのいろいろな経験をもった方を受け入れる方向に向かうんじゃないでしょうか。道はいままでよりもっと開ける可能性が高いと思います。

鷲田　僕たちの学校は開けているのか閉鎖しているのかわからないけれども、新採用の半分は社会人ですよ。僕があの本を書いた動機は非常に単純で、いい先生が社会人からきてほしいというだけです。〝このままだと、日本の大学は閉塞するんじゃないか。大学が良くならなければ、日本の社会は良くならない〟と僕は思う。だからこそ、社会人から大学教師になった人の真価が今後問われると思うんです。森さんも、僕と会ってしまった以上は、これからどんなふうにやるのかと見ていますから。いい加減にやったらかならず書きますので（笑）。

森　努力いたします。心の指導教官ですから（笑）。

私はこうして大学教員になった

青森短期大学・森　宏之

18年あまり会社員として実社会で働いた私が、大学教員になることを決意し、そしてそれが現実となった経緯を、簡単に記してみたいと思います。

私はとある総合リース会社において、営業、および企画部門の仕事に没入していました。仕事自体に不満はありませんでしたが、組織のなかでの個人の限界を感じ、「もっと自分の力やスキルを試してみたい」という思いが大きくなっていきました。また課長として実務研修の指導などを経験するなかで、人に教えることの楽しさと充実感を感じて、大学の教壇に立ちたいという願望を持ちはじめたのでした。

鷲田小彌太先生の『大学教授になる方法』『同・実践篇』と出会ったのは、ちょうどその頃でした。この2冊は、がむしゃらにサラリーマン生活を送ってきた私に対して、企業内における給料や地位とは違った、人間の生きがいや価値観があることを教えてくれたのです。それと同時に、漠然とした夢であった大学教師の道を現実にするための道標となり、バイブルのような存在となりました。それ以降、私は鷲田先生の本を買っては熟読し、明確に大学教員になることを自らの人生設計のなかで意識しはじめました。

もともと、私は人脈を広げたいという考えもあって、当時担当していた職務と関係する研究学会に所属し、専門研究を続けていましたが、さらに大学院への入学をめざすべく、大学院予備校に通うなどして準備を進めました。研究学会や予備校で知りあった現役の大学教員の先生に、将来は大学で教えることをめざしたらと激励されたことは、大きな励みとなりました。

そして96年、担当職務面での専門知識をより一層深めるためということで、法政大学大学院の金融専門研究コースへ進学します。このとき、もし理解ある上司に恵まれなければ私の希望は潰れていたかもしれません。が、幸いそのときの私は良好な業績をあげていたこともあり、すんなりと会社には認められました。

大学院入学後は、自分よりもはるかに若い院生たちと一緒になって、必死で勉強しました。試験前やレポートでは何日も徹夜し、受験勉強など、これに比べれば優雅なものだと思ったほどです。私は学部時代は政治学専攻で経済はとっていなかったため、猛勉強しなければついていけなかったのです。そんななか、研究に関係する内外の金融機関や官公庁、ジャーナリスト、シンクタンク、メーカー、商社、留学生、国会議員など仕事以外の分野の方々と、幅広く交流し、友情を深めたことは一つの励みでした。そして何より私を支えていたのは、「好きだから」、これだったと思います。

しかし翌年、私を企業人として育て、大学院へ派遣してくれた前勤務先は、社員や役員の懸命の努力にもかかわらず、残念ながら倒産してしまいました。倒産後は、地位や職を失ったときの人間のさまざまな悲喜劇を体験、会社に人生を賭けることの虚しさとはかなさを強く感じずにはいられませんでした。ありがたいことに、取引先の役員の方や大学院でお世話になった先生などからも再就職先のお話を頂いたりしました。幸い私は子供がなく夫婦2人だけでしたので、そういった話はできるだけ元部下や同僚などに回し、倒産を機に一人、本格的に研究者、大学教員をめざすことになったのです。

そんな私の姿を見て、恩師をはじめ、私の周囲の友人や学生時代の先輩たちが各方面に奔走し、教員の欠員のある先などを探してくれました。そして従来より実学を尊重し、実務経験者を積極的に受け入れている青森短期大学でたまたま教員を募集していることを知り、応募してみたところ、幸運にも修士課程修了と同時に採用されたのです。いま、大学の教壇に立つ長年の夢がかなったのも、まさに周囲の人々のさまざまな激励や援助の賜物と大変感謝しています。また、ビジネスマンとしての職務経験がかなり評価されたということも、特に面接のときには感じました。

やはり人を教えることは非常に楽しいものです。客観基準のない大学教育の世界は、数字ですべてが出るビジネス以上に面白くもあり、難しくもあります。若い学生たちは、過去私自身が直接見聞した金融ビジネスの裏話などには目を輝かせます。身につけてきた知識やノウハウを教授し、卒業後彼等が社会に出たときの役に立ちたいというのが、大学教員としての当面の目標です。

同時に、フルタイムの研究者となったからには、専門以外にも、サラリーマン時代にはさまざまな制約からできなかった研究、地域にも密着した研究を、長期的な計画を立ててじっくりと進めたいと思います。

V

元気のいいアメリカの教授に学べ

――現地取材

第20章 鷲田小彌太、アメリカの大学教授を訪ねる

米国の大学の実状から日本の大学を見る――

ホットなアメリカの大学教授へのホットな取材

2000年8月3日～13日、ダイヤモンド社編集部の砂田潤一さんと、これから日本で大学教授になる人たちに影響を与えると思われるアメリカ大学教授の取材に行ってきました。一流大学の教授の取材と紹介は日本でもあります。それで、私は中位周辺の大学の教授に率直な質問をぶっつけてみよう、ということを目標にしていました。事前にここぞと思って取材を申し込んだ大学は、夏休み中のため、うまく連絡がとれず、予定取材先の半分は未定のまま、見切り発車の状態で、成田からアメリカに飛び立つことになりました。正直、不安でした。

最初にめざしたのは、テネシー州スワニーのサウス大学。有名なリベラルアーツの単科大学です。周囲にはホテルもない田舎でした。

今回の取材は、コミュニティ・カレッジ（2年制の大学）、リベラルアーツ・カレッジ（単科の教養大学）、州立の地方総合大学（university ユニバーシティ　大学院がある）、ニューヨーク

の私立のマンモス大学と、それぞれカテゴリー（種類）が異なる大学の、学部長、学科長、研究（リサーチ）主体の教授、教育専門の教授、講師等をインタビューし、できれば、高等教育の情報専門誌『クロニクル』に取材できれば、ベターと思っていました。

幸運なことに、編集者の砂田さんの孤軍奮闘もあって、目的はすべて達成し、収穫も上々の気分で取材を終えることができました。

さらに幸運だったのは、取材者はもとより、協力者と通訳に恵まれたことです。通訳諸氏は、大学教師もいれば、大学教師より幅広い知的活動をしている人もいるということで、別な角度から見た大学教授像をもうかがい知ることができ、私の知見も大いに刺激される結果になりました。

しかし、それにしてもハードスケジュールでした。広いアメリカを、中南部テネシー・スワニーから、東部ニューヨーク、ワシントン、東南端フロリダ・オーランドと縦断し、西部のロスで打ち止めというように、駆け巡ってきたのです。ホットサマーで、心も体もホットになりっぱなしでした。

第21章

アメリカの大学教授への道を、日本と比較してみれば

大学教授になる困難は日本と変わらない

日米の大学には大きな違いがあります。それは二つの国の社会と歴史の違いに見あっています。しかし、その違いはよくいわれるように大きなものではなく、中身をよく検討してみれば、両者の相違は思ったほど大きなものでない、ということが今回の取材で再確認できました。むしろ、表面的な相違の裏をのぞいてみると、アメリカも日本と同じような困難を抱えていることがわかります。

大学教授になる方法にも同じことがいえると思います。しかし、まずはアメリカで大学教授になる「普通コース」を、日本との差違に注目してみてみましょう。

ピー・エッチ・ディー（Ph.D.）は重要だ——

アメリカで大学教授になるためにもっとも重要な「資格」は、Ph.D.（代表的な博士号。ラテン語の Philosophiae Doctor = Doctor of Philosophy の略）です。日本の大学では、博士の学位は理系の物理、医学等の分野を除いて、大学教授になるための必要条件ではありません。現行では、「博士課程（後期）単位修得あるいはそれと同等の業績がある」がほとんどで、博士号をもっていると絶対「有利」ということでもありません。

この点、アメリカは資格社会で、博士号をもっていないと、教授（プロフェッサー）にはなれません。準教授（associate professor アソシエート・プロフェッサー）あるいは有期限教授（adjunct professor アジャンクト・プロフェッサー　客員教授など）止まりです。それで、日本の教授が海外へ行って、博士号をもっていないと、不思議がられるわけです。

最近では、博士号は教授になる必要資格であるだけでなく、どういうカテゴリーの大学であれ、大学で教師のポストを得るための必要条件になっています。

ロスアンジェルスで取材したH・ストロムバーグ準教授（サンタモニカ・コミュニティ・カレッジで歴史学担当）は、54歳の教歴30年の大ベテランですが、Ph.D.をとる機会を失ったため、準教授のままでした。

したがって、大学でポストを得ようとする人たちの第一目標はまずPh.D.ということになります。学部を出て、修士号（文系はM.A.［マスター・オブ・アーツ］、理系はM.S.［マスター・オブ・サイエンス］が代表的）をとり、つぎに博士号をとるというレースに出場するわけです。

日本以上に「学歴」と「成績」が重要視される

アメリカは資格社会です。さらに猛烈な学歴（学閥）と成績を重視する社会です。超一流校にはジョブ（就職口）が殺到します。これは日本でも同じでしょう。しかし、一流校の修士号や博士号取得者に、大学教師のジョブが優先的・自動的にくる、ということはありません。

アメリカでは、学閥に加えて、就職条件の良し悪しは成績、それもAの数によって決まるからです。アメリカの大学生、大学院生が勉強するのは、せざるをえないのは、卒業資格を得るだけでなく、希望する就職口を得るためにAをたくさんそろえなければならないからです。

これに対して、日本では就職時、大学での成績はほとんど重要視されません。この点では、大学教師になる場合も同じです。

サンタモニカ大学のストロムバーグ準教授は、開口一番、「高校ではオールA」で、UCLA（カリフォルニア大学ロスアンジェルス校）のドクターコースまで進んだ、と真剣な口調でいいました。これがアメリカのインテリが、自分の学歴と成績を表明する普通のスタイルです。こんなふうにいうと、日本では、「Aだから何だ！」と反感を買ってしまうでしょう。

卒業した大学・大学院のランクはとても重要です。こんな意味でです。

赴任2年目で教員選考審査に携わっている中央フロリダ大学の松井宏助教授（化学）によると、一つのポストに100人応募があって、まず30人に絞り込むとき、トップ20に入る大学の博士号をとっている人は、「優先的に残して、書類をじっくり見る」ということになります。

これを逆にいうと、例えば、ランク200以下の大学で博士号をとった応募者は、書類選考の段階で業績を審査されずに、カットされる危険がつねにある、ということでしょう。つまり、第一関門は「業績」より「学閥」ということです。実力主義と思われがちなアメリカの意外な一面ですね。アメリカで大学教員になるには、とにかくトップ20の一流大学に行くことがとても重要なのです。

日本では、もちろん学歴（学閥）を見ますが、たとえ一流校で博士号をとっていても、業績がないと、「何だ！」ということになります。

テニュアという最終「関門」がある――

アメリカの大学教授にはテニュア（tenure）という独特の制度があります。アメリカの大学は「定年」というものがなく、テニュアをとれば一生教授を務めることができるという意味で、「終身在職権」と訳されます。

オーランドの州立中央フロリダ大学化学科・松井宏助教授と、ＭＢＡをでて会計監査法人に勤務している夫人のゆかりさん

日本でも、任期制が導入され、任期制の助手・助教授・教授（客員教授）での採用がどんどん拡大しています。しかし、現在でも大部分は、常勤で助手・講

師・助教授・教授に採用されれば、定年まで在職できる終身雇用制です。だから、日本にはテニュア制はないが、日本の常勤の大学教師には「全員」テニュアがある、といっていいでしょう。

アメリカの大学教師の新規採用は、定職か臨時職（adjunct アジャンクト）かでまず分かれます。新規採用者は、教授として採用する「試用」期間とでもいうべきテニュア・トラック（tenure track 終身在職を得るための道）に乗るコースと、そうでないインストラクター（instructor 非常勤講師）、アジャンクト・プロフェッサーのコースがあります。

大学で安定したポストを得ようとする人は、テニュア・トラックつきのポストにチャレンジします。大学教授になる最初の関門がPh.D.だとするなら、第二の関門はテニュア・トラックに乗ることです。

無事、テニュア・トラックに乗ることができた人が助教授（assistant professor アシスタント・プロフェッサー）です。

助教授は、5～10年のテスト期間を過ごします。このトラックは大学によって難度差があり、松井助教授によると、ベスト20に入る超一流の大学でテニュアをとろうとすると、プレッシャーが大きく、家庭破壊を引き起こすほど研究に没頭しなければならないそうです。大学教授になる第三の関門がテニュアで、最終関門です。この関門を抜けた人が、準教授、教授です。

このテニュア制度は優秀な人材を確保するためと、政治権力によって学問研究の自由が侵されないために設定されました。しかし同時に、大学教師の保身と怠慢を生む原因にもなってきました。

テニュアをとるまでは、猛勉強、猛研究をするが、いったんとってしまえば、研究休眠状態に入る教師が多いからです。この点は、日本でも、一度常勤のポストを得てしまえば、同じことが生じます。

後で紹介する高等教育情報誌『クロニクル』のD・レダーマン編集者が指摘したように、何かにつけ、テニュア制度は大学外からの強い批判の的になってきました。

大学院中心主義と大学院ランキング

アメリカの大学は、一貫して、大学院（graduate school）の拡大充実に重点を移行してきました。遅まきながら、日本でも大学院の拡充が大学政策の最重点になってきましたが、日米格差は当分埋まらないでしょう。

第一に、大学院生数が圧倒的に違います。大学院生総数でいうとアメリカは日本より一桁違っています。アメリカの大学院は、がんがん大学院生を取り、ぼんぼん修士号、博士号を配給しているということです。

大学院は、研究教育機関で、研究教育者（大学教師等）、あるいは専門知識・技術者（弁護士や医者等）の養成を目的に設立されました。博士号というのは研究者にふさわしい資格の認定証明ということです。

じゃあ、アメリカの大学院は博士の大量生産工場で、粗製濫造の場なのでしょうか？　そこはきちんとしていて、はっきりしたランクがあります。

日米格差の第二は、研究大学の存在です。これはカーネギー教育振興財団の大学分類で、次のようです。

①研究大学Ⅰ・Ⅱ　②博士号大学Ⅰ・Ⅱ　③修士号大学Ⅰ・Ⅱ（ほかに④学士号カレッジⅠ・Ⅱ　⑤準学士号カレッジⅠ・Ⅱ　⑥特殊大学）。
日本でも、入試の偏差値にもとづく大学「格差」に対応する形で、大学院「格差」がありま す。しかし、大学院格差の明確な基準はなく、どこの大学院を出たかは、教育研究職に就くための決定的な選択材料にはなっていません。

アメリカでは、研究大学ⅠとⅡの違いは、USA政府から受ける助成金によって決められます。Ⅰは年間4000万ドル以上で州立が59校、私立が28校で、これがエリート校でしょう。Ⅱは1500万〜4000万ドルです（1994年度のデータ）。

大学院と一口にいっても、大別して6ランクあるのです。修士号、博士号の「価値」も違って当然です。研究大学Ⅰで博士号をとるのと、博士号大学Ⅱで博士号をとるのとでは、ランクからいえば、雲泥の差があるといっていいでしょう。

アメリカでは、どのランクの大学院で博士号をとるのかが決定的に重要なのです。

深刻なオーバードクター問題

日本でも、博士号を取得したのに、あるいは博士課程を修了（満期退学）したのに、めざす就職口がない、という深刻な問題が続いています。最近だけのことではなく、まだ大学院生が少なかった時代からずーっと続いてきたもので、オーバードクター問題です。

この問題で、アメリカの事情は日本よりも、一見すれば、深刻です。

第一に、アメリカの常勤の大学教師数は60万人強、日本は17万人強（2001年）で、約4倍の違いです。しかし、博士号取得者数（日本は博士課程修了者を含む）の比較では、3〜4倍程度の違いですから、アメリカのほうが職数が多いからといって間口が広いというわけではありません。

第二。もっとも、アメリカでは、大学教師希望者は博士号を取得しなければ、定職へのチャレンジはできません。競争は、オーバードクターのあいだでだけ繰り広げられますので、競争の激しさが目立つのでしょう。

日本では博士号取得が採用の絶対条件ではありません。修士号取得でも、チャレンジに打って出ることができます。オーバードクターの問題が陰に隠れやすいのです。もっとも、最近は、業績が抜群でなければ、博士課程（後期）を修了していないと不利は否めませんが。

第三。アメリカではポストに対する倍率の高さは異常です。１００倍というのが普通で、一見して、宝くじを当てるような感じがします。しかし、こんな理由もあるのです。

アメリカは、職募集の情報公開が格段に進んでいます。だれでも簡単に入手できます。大学でも例外ではありません。これは極端なたとえですが、いま、10人の「歴史学」の研究教育職を得たい希望者がいて、公開されている歴史学の募集ポストが10あるとします。競争率はいくらだと思いますか。10人が10人とも、10のポストに応募書類を出します。だから、10倍なのです。

アメリカのオーバードクター問題は見るからに深刻そうですが、それは顕在化しているからで、基本的には日本と変わらない、というのが私の判断です。むしろ、実情は日本のほうが深刻ではないでしょうか。

最近メールで相談を受けたIさんは、40代半ば。20年前に修士をでて就職。10年前会社退職、再び博士課程に入り直し博士号取得。企業へ再就職（副部長）。しかし、大学教師（環境関連学）

への希望捨てがたく、現在、大学へ求職中だそうです。すでに、30回応募し、最終選考の2人に残ったのが一度だけ、だそうです。

給与や研究費は実績主義だ

アメリカの大学は、奨学金（博士課程は給与並みの水準）も地位も給与も研究費も、「実績」によって決まるのが原則です。この点、年功序列が強固に残っている日本の大学と非常に違うといっていいでしょう。待遇では天国と地獄の差が非常に大きいのです。

アイビーリーグに属する名門ペンシルベニア大学芸術学部美術学科の中里斉教授（元学科長）

驚かされたことがあります。超一流のアイビーリーグ（Ivy League アメリカ東北部にある名門私立8大学のグループ）の一つであるペンシルベニア大学で、テニュア（終身在職権）をもたない臨時職の中里斉《ひとし》客員教授（アジャンクト・プロフェッサー）が、芸術学部美術学科の大学院の学科長（チェアー）の経歴をもっていることです。画家としての実績と管理能力を買われなかったなら、それでなくとも個性の強い人間集団、美術学科で5年間もこの地位を維持できません。

給与は「年齢」でなく「実績」で決まる

給与は大学への「貢献」度で異なります。したがって、個人個人によって異なる、ということです。ヘッドハンティングされた教授が高くなるのは当然です。

もちろん、昇給はあります。しかし、それは契約時の初任給の給与水準をスライドさせたもので、低い水準で契約したら、一生低い給与水準にとどまる危険があります。この点、「年齢」給が基本の日本と異なるといってもいいでしょう。

それで、野心的な人は、移動する意志がなくとも、給与水準を上げる目的のために、他校に応募し、自校での給与水準を上げようというケースが多くみられるそうです。

研究費は自分で「稼ぐ」もの

研究費は一律ではなく、主として、企業や政府の研究助成金（grant［for research］グラント）によって決まります。アメリカでは、直接的な研究費だけでなく、その研究をするための大学施設の使用料的な経常費も助成されます。そこで、助成金をより多く獲得する教師は、大学の予算を潤します。彼個人も、有利な研究活動を保証されるだけでなく、大学で地位や給与面で優遇、歓迎されるのは、いうまでもありません。

研究業績がなく、助成金をもらう力のない人は、テニュアがあろうと、特に理系では、まともな研究活動はできない、ということです。もちろん、テニュアがまだない助教授も、日本のような講座制でないので研究費は自分で稼がなくてはなりません。この点、個人研究費という名目で、大学から教師に一律支給される日本の大学とは非常に異なります。

学生から評価される

アメリカには、エバレーション（evaluation　学生による教師の授業評価）があります。日本でも導入されはじめています。

ときとして、テニュア・トラックの助教授や非常勤の講師が、低い学生評価を得たために、再契約されない場合はあります。なかには困ったケースもあって、日本以上に成績が重要視されるため、学生に低い評価を与えた報復として、教師排撃運動が起きるケースもあり、「成績インフレ」がおこっているという話もあります。

しかし、教育はサービスです。学生の顧客満足度を満たさない教師では、しょうがないのではないでしょうか。学生評価はあって当然です。

事実、私がインタビューした教師はそろって、学生評価は確かにプレッシャーには違いないが、それで自分の仕事が左右されることなどない、といいました。教育サービスに自信があるせいでしょう。

ただし、アメリカの大学は、受講生が、せいぜい20人以内で、多くとも100人が限度です。例えば、私のような1000人規模のクラスで講義をするのとはわけが違います。日本で、学生評価を導入し、成果をあげるには、教師がコントロール可能な規模のクラス編成が必要でしょう。

日本では、学生数が減少し、入学者数が募集に満たないケースがでてきました。緊縮予算を組まなければならない大学が増えています。その場合、教師の数を減らす方向に進みつつありますが、これは大学の教育研究水準を上げる足かせになるでしょう。逆のことをしなければならないのです。能力と意欲のある教師を積極的に採用する方向に進まなければ、大学はますます停滞します。

定年制がない

びっくりするのは、アメリカの大学には定年制がないことです（ちなみに、文部科学省にあたるものもないし、日本で文部科学省が各大学に割り当てる学生数の定員制もありません）。

日本人のイメージからすると、定年制がないと、教師はいつまでも教壇に立ち、足腰が立つうちは働く、ということになるでしょう。

しかし、アメリカでは、年金が支給される年齢になると、退職します。せいぜい非常勤で教師を続けるという例がほとんどで、70歳以上でテニュアを行使している人は稀です。これがアメリカのエートスです。

学部長も公募制

日本の大学は、学長や学部長は、学部新設や特別の事情をのぞき、教授会メンバーから互選されるのが通例でした。その学長は第一号理事として、理事長と同程度の権限をもちます。

しかし、第一に、アメリカの大学は、理事（ディレクター）は学内人事とは関係ありません。

第二に、学長（president プレジデント）、ディーン（dean 学部［faculty, schoolなど］長）、チェアー（chair 学科［department］長）は、学内外から広く公募されます。実際、最初に取材したリベラルアーツの名門校サウス大学の学部長T・カッツェ教授は、全国公募の激戦を勝ち抜いた、48歳の少壮教授です。学生数800人規模の教養大学を、1300人のレベルまで上げたそうで、なかなかのやり手のようです。もちろん給与は実績次第のようです。

第22章

大学教授になる動機はさまざまだ。偶然が支配する

大学教授になる「動機」は、人さまざまです。もちろん、公務員や民間企業に勤める場合とは異なりますが、大学に職を求めるということを最初からめざして、大学教授への一本道をゆく人は、それほど多くはありません。この点は、アメリカでも日本でも変わりがないでしょう。それほど大学教授への道には偶然（運）が待っているのです。もちろん、幸運もあれば、不運もあります。

アメリカ取材でインタビューした人たちのなかで、最初から大学教授をめざしていたのは、サウス大学のカッツェ学部長だけです。今回登場する、大学で研究教育活動をしている人は、「偶然」大学で働くことになったといっていいでしょう。しかし、私にはそれが偶然ではなく、大学教授になろうという人のごく普通のコースに思えるのです。

専攻が変わった。運命が変わった

田舎のど真ん中、テネシー州のサウス大学で通訳してくれたのが小川彩さん（1970年生まれ）。西村知美に似た美人で、数百マイル遠方から自家用車を運転して、私たちが泊まるモーテルまで駆けつけてくれました。今回各地で通訳を務めてくれた方たちは、大学に籍がある人もない人も、全員知的活動をしていて、とても刺激になりました。小川さんもそうで、早稲田大学文学部人文専攻で文化人類学を学び、ナセル文際交流協会でジョージア・サウスウエスタン州立大学（学生数2500人）に留学。教育学部の大学院（特殊障害教育）を卒業し、取材時には日本人留学生を教育するインストラクターを務めていました（現在は、現地の小学校で特殊教育［学習障害］の先生）。年収3万2000ドルで、学校心理学を担当する助教授の夫（アメリカ人）がいて、生活は安定しているようです。

ジョージア・サウスウエスタン州立大学でインストラクターを務めていた小川彩さん

小川さんがもし文化人類学を専攻していたら、現在の職には就かなかったでしょう。最初は、受け入れ先の事情に左右された、不運と思えた専攻変更が、思ってもいない大学人への道を切り開いたのです。

文化人類学はフィールドワークが主体で、その点、臨床（クリニカル）主体の障害教育と連続したところがあるといえばありますが、日本では滅多に見られない、専攻の大転換です。もっとも、教育学は、アメリカでは「何でもあり」のアバウトな学問分野で、もっとアバウトな文化人類学とあい重なるといっていいでしょうが。

ニューヨーク大学で美術学科長を務めるカーロ・ラマグナ（Carlo Lamagna）教授

大学教授はビジネスの一つだ

私立のニューヨーク大学は、とても巨大で、統一キャンパスのないタコ足大学です。インタビューに向かった美術学科は倉庫のような建物です。各学部、学科は独立採算性で、採算性の低い美術学科は財政難に悩まされることが多いそうです。

この学科を率いるのが、ラマグナ学科長（教授）です。イタリア系の好男子で、年齢不問と笑っていました。マサチューセッツ大学の学部と大学院（修士）で美術史を専攻、修士号をとっています（ちなみに、実技の人は大学院修士で終わり、理論の人が博士課程に進むそうです）。

ラマグナ教授は、卒業後、美術館に学芸員（curator）として就職、その一方、70〜80年代にかけ、フリーランスで二つのギャラリーをもった経歴の、官民に通じた美術経営（administration）畑のトップマネジャーです。その腕を買われて、教授、学科長になったようで、私の印象では、学科長（教授）の地位も、ラマグナ氏のビジネスの一つにみえました。

ビジネスで食えないから、大学にいる

この学科長と対照的なのが、美術学科でインストラクターとコンピュータ管理をやっている阿

部宏弥氏で、通訳も受けもってくれました。阿部さんの転身もまた見事です。

1964年生まれ。武蔵大学経済学部卒。日興証券で4年半ビジネスマン、28歳のとき、転身を決意。いわゆる「食えない」専攻、ファイン・アート（fine art 美術。商業芸術［commercial art］に対して純粋芸術の意味で使う場合もある）、それも写真専攻を選びます。もちろん、好きだからです。

ボストンの写真専門学校を皮切りに、ニューヨーク大学と国際写真センターの共同大学院で修士号をとり、3年間、実績作りのためアルバイトやアメリカでもっとも有名な白黒写真のプリンター（焼き付けなどの専門家）のケルトンのラボで助手をやって食いつなぎます。このケルトンラボは、若手の写真系アーティストの梁山泊とでもいうべきところで、大学教授の予備軍をプールする役目を果たしているそうです。

ニューヨーク大学美術学科でインストラクターとコンピュータ管理をおこなっている阿部宏弥さん

阿部さんは、写真専攻です。ところが、メディアに作品がでることがあっても、ただ同然で、制作費もでません。逆に、コマーシャルで名がでると、ビジネスとしては成り立ちますが、アカデミーでは評価されず、きつくなります。だから、ファイン・アートでいこうとすれば、大学に職を求め、それで食いつないでいかなければならない、という現状なのです。コマーシャルとビジネスの国アメリカで、アカデミーが生きているのですね。

幸いなことに、大学院のときの指導教授が、阿部さんの働きぶりを評価していて、3年後、ニューヨーク大学の現在のポストに就くことができます。それでも、収入は年間フルタイム同然に働いても、3万ドル。夫人（アメリカ人）もコンピュータ・デザイナーとして働いているので、自分の収入は家賃ぐらいにはなる、と苦笑していました。

プレゼンテーション力と人間関係力が運命を切り開いた

名門ペンシルベニア大学芸術学部美術学科の中里斉《ひとし》教授の転身は、もっと激しいかもしれません。高名な抽象画家でもある中里先生は、1936年生まれ。60年、多摩美術大学絵画部油彩科を卒業し、北海タイムス（新聞社）に美術記者で採用されますが、旭川支局で仕事は記事の整理ばかり。疑問を感じて、母校に電話で転職依頼。じゃあ、母校（非常勤講師）に戻れということになります。

62年、ウィスコンシン大学大学院（修士課程）に留学。64年、ペンシルベニア大学大学院（修士課程）に転学し、2つ目の修士号取得。卒業後、ロックフェラー財団の奨学金をもらってニューヨークからヨーロッパを遊学。ヨーロッパ滞在中に、母校の理事長宛に手紙で就職依頼。日本に着いたら、母校で教えろといわれ、68年、常勤講師に採用されます。

ところが、時代は大学紛争期。多摩美大も例外ではなく、先生は、理事会に反旗。しかし、あえなく馘首。そのはずで、理事長推薦で定職をつかんだわけでしょう。このとき心労が重なり、肝臓疾患もあって海外脱出。旅先で、もう一つの母校ペンシルベニア大学にまたもや手紙で、「首になった、肝臓肥大で途方に暮れている」と就職依頼。ボスがＯＫを出してくれ、71年、ペンシルベニア大学助教授。学科内のごたごたでテニュアをとるチャンスを捨てます。だから、現在、客員（有期限）教授。もっとも教授は大学コミュニティ（地域）に住まなければならない。ところが、中里先生はニューヨークで作家活動を続けたい。それで、客員のままです。

応募が電話で一回、手紙で二回というと、ずいぶん乱暴でアバウトな人と思われるでしょう。ところが、そうではないのですね。誠実さとリテラシー力が先生の魅力。それで、電話や手紙でもＯＫになったのでしょう。

「自分の将来の仕事はスタジオにある。その経験は決して自分だけのものではない。若い人たちと分けあうことができる。それが若い人にとって意義あることだと確信して手紙を書いた。その意がくんでもらえたんじゃないでしょうか。だから、ある意味では教師になろうと思って教師の訓練をしたんじゃない。自分の信じていることをやっているから教師の職を提供してもらえたということなのかな」と、汗をかきながら訥々と自分のスタジオで語ってくれる先生に大共感しました。

もう少しスキルアップしたくて社会人から大学院へ進んだ

先に紹介した高度成長期にある州立中央フロリダ大学化学科でがんがん仕事をしている松井宏助教授も転身組の一人です。上智大学理工学部化学科を出て、外資系のデュポン社に4年。もう少し勉強し、スキルアップしてエンジニアになりたくて、スタンフォード大学の大学院（工学部）に進み修士号を取得します。最初は大学教師になるつもりはまったくなかったそうですが、周囲に「才能ある」「ここでやめるのはもったいない」といわれ、パデュー大学の博士課程に進み、主任教授に認められ、ポストドクター（post doctoral fellow［courses］博士号取得後の研究生［研究課程］。2年程度の有期限の研究生活を保証する制度。ポスドク［pos doc］と略することが多い）はコロンビア大学でというように、トントン拍子だったそうです。この間、成績が上位ベスト3に入っていればもらえる奨学金を支給され、貯金ができるくらい生活に余裕があり、キャンパス生活も満喫したそうです。

松井さんは、「私は幸運だ」といいます。一つは、二人の指導教授に恵まれたことです。その推薦で、進学と研究と就職がうまくゆきます。もう一つは、家庭環境で、アメリカ留学の経験の

ある父をもっていることです。そのため、本人もアメリカ経験があり、共立薬科大学学長までつとめた父親の影響で、アカデミックな雰囲気に違和感がなかったことです。
＊松井先生は取材後、２００１年夏にニューヨーク市立大学化学科に転職されました。

幸運と不運はどちらも「偶然」が作用します。その分かれ目は紙一重でしょう。しかし、ここに登場した人はみな、自力で偶然を幸運のほうに向けるべく努力しています。そう思いませんか。

第23章

アメリカの大学の底力は、教養大学（リベラルアーツ・カレッジ）にある

――リベラルアーツ・カレッジって何だ？――

テネシー州のスワニー、ここがアメリカ最初の訪問地です。遠い！　成田→ポートランド→シンシナティ→チャタヌーガと飛行機を乗り継ぎ、スワニーのホテルまではタクシー（50マイル、タクシー代はチップも入れて85ドル。安い！）。要した時間は18時間。インに着いたのは真夜中。疲れた！

アメリカの大学数3600校、学生数1500万人、8割は公立大学の学生（2年制も含む）。ところが、スワニーにあるサウス大学は、4年制の私立大学、学生総数1300人の小規模校、しかも超田舎にあります。しかし、この大学はどうしても行って、見て、聞いて、知って、みなさんに伝えたかった。

どうしてか。大学の「原型」が、「未来」の一モデルが、あると思われるからです。

サウス大学は、いわゆるリベラルアーツ・カレッジ（liberal arts college　4年制の教養＝文理大学）です。

リベラルアーツ（liberal arts）とは、①（大学の）教養課程［科目］、②原義は（中世の）自由七科。文法、論理学、修辞学の三学と算数、幾何、天文、音楽の四学から成る中等ないし高等教育程度の基礎的教科。これらは「自由人にふさわしい技芸」で、古代ローマでは自由民だけが習得でき、「奴隷の技術」に対比されました。現代語に翻訳すれば、自由な個人、知識人、教養人なら当然身につけていなければならない学芸（教養＝文理学　arts and sciences）のことです。

アメリカ現地取材中の鷲田教授。移動中の機内にて

アメリカでも日本でも、大学教育＝一般教育＋専門教育です。日本では、戦前、旧制高校が一般教育（エリート）を担いました。旧制大学は専門教育です。戦後、新制大学は旧制高校を吸収し、前半2年間は主として一

般＝教養教育（非エリート）を、後半は主として専門教育を、さらに大学院で高度の専門教育を、となります。

現在、日本の大学は、教養教育と教養課程（教養部）を削減・廃止し、4年間を専門教育を主とするシステムに一元化しつつあります。

これに対して、アメリカには、4年間を教養教育を主とするカレッジがあります。また、ユニバーシティの学部は文理学部（faculty of arts and sciences）で、教養教育を主としています。それに、全学生数の半分を占めるコミュニティ・カレッジ（2年制）は教養教育（だけ）をおこなっています。

アメリカの大学はイギリス伝来のカレッジからはじまりました。リベラルアーツ・カレッジは小規模で、学生総数は全米の5％に満たないのに、その数は約500校で、サウス大学程度の水準の大学が100ほどあります。

教養教育の現状

夏休み中なのに、快く取材に応じてくれたのは、学部長のトーマス・A・カッツェ教授（政治学）。1952年生まれの好男子。通訳がつくと、応答はむしろ単純明快でいい。

Q▼「日本の教養教育の失敗は、教養教育を担う教師がいないことです。アメリカではどうでしょう」

A▼「アメリカでは教養大学で教える能力のある先生はたくさんいます。しかし、大学院では教養大学で教えるように先生を養成はしない。普通、専門分野のトレーニングを受けるだけです。……同じ人が、研究大学にも、教養大学にも職（ジョブ）を求めます。職に対して志願者が圧倒的に多いからです。全員が博士号の取得者です」

ところで、大学に教養教育は必要でしょうか？　私の答えは、

サウス大学（University of the South）の学部長（Dean of the College）トーマス・カッツェ（Thomas A. Kazee）教授

1. 不要だ。専門を薄めたような片手間の「現行」の教養教育は、です。

2. 必要だ。知識や技術が高度化し、専門化すればするほど、日本人人間（地球人）として、日本人としてもつべき「教養」がますます必要になるからです。

3. 現代にふさわしい4年間一貫の教養教育のシステムとカリキュラムが、なによりも教養

を教える能力のある教師が、必要です。私の要求は、①学部は教養主体の教育（小規模単位のカレッジが望ましい）で、②教養を専門的に研究教育する教養教育大学院の創設です。

アメリカには①があります。しかし、②がないから、学部教育、特に大規模校の教養教育は、教える能力の人がおらず、崩壊現象が続いています。過半が非常勤講師で、しかも給与の安い大学院生、特に留学生にまかされているというしまつです。

日本の場合、学部は専門教育主体になったといわれます。しかし、実情は、専門家になる、あるいはなることをめざすトレーニングではありません。専門でもなく、教養でもない、中途半端で「鵺《ぬえ》」のような教育になっています。

だから、教養の必要性が、ほかならぬ、教養科目を全廃した医学部などからでてきているのです（もっとも、直接には、国家試験の一般教養問題対策として、ですが）。

教養大学の教授の任務

教養大学といえども、カッツェ学部長がいうように、教師の採用条件は、①アメリカの主要大学で博士号をとったという研究力いかんが重要で、②教える力は二番目です。

ところが、教養大学での教師評価は、第一に、いい教師かどうかで、望ましいのは教えることにエキサイティングな教師です。ついで、エキサイティングでなくても教えることが上手な教師です。教えることに情熱をもつ、これが教養大学と総合大学の文理学部の違う点です。

第二に、研究者としての、第三に大学共同体への貢献の評価です。

Q▼「教師のノルマは?」

A▼「一般の教師は、①1年間に6コース（同じ内容の授業も含む）の授業と10〜20人の学生のアドバイザー、②個人の研究、③カリキュラム作成や、財政困難の学生に援助するとか、さまざまな大学の委員会に参加。おおまかにいって、①の教育に60%、②の研究に30%、③の委員会等のコミュニティのためのサービスに10%という比率になります。（研究大学では、研究と教育の%が逆転します）」

教師の生活水準は高くないが、満足度は非常に高い

Q▼「教師の生活は苦しくありませんか?」

A▼「たいへんな問題です。ほとんどの教授は結婚し、子供もいます。結婚相手もほとんど自分の仕事をもちたいという希望があるのに、スワニーのような小さな町では、両方ともが求める仕事を得ることは難しいのです。

アメリカでは、大学院時代に知りあって結婚する人が多く、夫妻とも博士号をもっている場合が多いので、仕事が見つかっても学歴・経歴に見あうということが難しいのです。この学校では、

夫妻のどちらかが定職を得ると、ほとんどの場合、もうひとりを非常勤で迎えています」

アメリカは日本より非常勤講師の割合は大きい。教養教育の講義の約半分は非常勤講師が担っているといっていいでしょう。その採用方法も、カッツェ教授もいうように、アバウトで、地元の知りあいに任せていい教科なら、公募はせず、即採用ということになるそうです。あるいは、1年間だけ休みをとる教師がいれば、その間、その教師の担当科目を任せるなどの場合は、よく公募するそうです（これは、日本でも同じです）。

Q 「給与水準はどれくらいですか?」

A 「給与は高くない。博士号の保持者でも、4万1000ドルからはじまり、最終的でも、8万〜9万ドル。30〜40年働いてです。同じ条件で企業で働くならもっといい給与がもらえます。金のために教師になるのではありません。

教師になる人の動機は、一番目に、教えるのが好きだ、二番目に、研究が好きだ、三番目に、学問をする仲間と一緒に仕事がしたい、です」

Q 「タフでなければつとまりませんね」

A 「そうです。ただ、大学の教授の満足度は非常に高い。職業別ランキングではトップランクに位置します。給料が安くても大学で教えていることが名誉なことで、それが魅力なのです」

教養大学の困難

サウス大学は、リベラルアーツ・カレッジでは、全国ランク30に入る、と学部長はいいます。しかし、何せ、規模が小さい。きめの細かい授業をしなければならない。田舎にあるから、教育サービスの質を落とさずに学生を募集するのが大変です。

学部長は、サウス大学の最大の売りは、教育の質の高さだ、と力強くいいました。しかもこの数年で、定員を700人から1300人に増やした辣腕家です。

でも、学生は年間2万6000ドル納付ですから、授業料の高さも一流です。学生募集は容易というわけにはゆかないでしょう。だから、手厚い奨学金制度が必要です。

「ここでは40％の学生がファイナンシャル・エイド（financial aid 奨学金などの学費援助）を必要としていて、そのうちの一部には年間2万ドル以上ももらっている学生もいます。それに、この学校は非常に特殊で、まず学生がこの学校に受け入れられると、財政の援助を完全に必要〔額〕まで、卒業するまで、サポートするというシステムがあります」

すばらしいけど、大変でしょう。一つは、教会の援助があり、もう一つは、成功した卒業生の寄付があるそうです。

つまりは、大学でも、個人でも、教養の獲得には金がかかるということです。日本には、現在リベラルアーツ（教育を主とする4年制の単科大学）は存在しない、といっていいでしょう。多くの寄付が見込めません。しかも、授業料は安い。

約1万エーカーもある大学の敷地の中央にあるチャペル。ステンドグラスは、寄付者（卒業生など）が好きな図柄を選ぶことができる。この寄付金は、大学運営への募金の一環となっている。

教育の質の高い教養大学の卒業生の4割は、大学院や高等専門学校に進むそうです。メディカルスクールへの進学者も8％あり、まさに、文理大学でしょう。

授業料は少々高くとも、じっくり落ち着いて、豊かな人間になるためにも、専門家になるためにも、教養を深く広く学ぶ大学こそ、いまの日本に必要ではないでしょうか。そこで教える教師の養成は緊急、必須ではないでしょうか。

問題は、専門か教養かの二者択一ではありません。教養大学（学部）には、専門も教養も必要なのです。ところが、高度な専門教育はありますが、教養教育を教えるにたる高度な教養教育はないのです。教養は、日本と同様、自前で磨くしかありません。ところが、教養大学では「研究」助成金をもらうのが困難で、教養を磨く資金がないのですね。

サウス大学で、すべてがうまくいっているとは思えません。実際、教養を専門に教える能力と研究費のある教師がはたしてどれくらいいるでしょうか？　私は少ない、とみています。

留学という手もあるよ

サウス大学には、（研修にきている2名をのぞいて）日本人の留学生はいないそうです。でも、日本人留学生を歓迎する、必要なＴＯＥＦＬの点数は高いが、「相談に乗る」と学部長は約束してくれました。挑戦してみてはいかがですか。

問い合わせは、同大学のホームページ　http://www.sewanee.edu/から入学事務局まで。

カッツェ学部長のＥメールは、tkazee@sewanee.edu。

第24章

教育中心主義の「牙城」コミュニティ・カレッジは、教授職の最大供給口だ

一国の教育水準を決めるのはコミュニティ・カレッジいかんだ、か?

もっとも厚い層の学生の能力の向上が、一国の教育水準の向上に果たす役割は大である。その役割は、上層の学生の能力向上に劣らない。これが私の大学教育論の根幹です。アメリカの高等教育のもっとも厚い部分を支えているのが、紛れもなくコミュニティ・カレッジです。今回の取材目的の大きな柱は、この大学教育の根幹を支えているコミュニティ・カレッジの教師の実像を、その一端なりと肌身に感じてくることでした。

高等教育の情報専門誌『クロニクル・オブ・ハイヤー・エデュケーション』の編集者レダーマンさんに、C級の大学と教師像について聞きました。答えを要約すると、こうです。

①アメリカの学生の3分の2が、いま現在、コミュニティ・カレッジで学んでいる。

②高等教育で一番増えている部門、分野だ。ここで教えている多くの人はパートタイムで、

Ph.D（博士号）をもっておらず、教師としてのトレーニングを受けていない。

③昔は、ペンシルベニア大学、ミシガン大学を卒業した人は、トップの大学でしか教えなかった。いまは、コミュニティ・カレッジの州立レベルで働くようになってきている。

④コミュニティ・カレッジの州立レベルでは、教師の使命がほかと違っていて、研究に関してまわりは何も期待していない。だから、研究には興味はない、教えるだけでよいという理由で、コミュニティ・カレッジを選ぶ人もいる。

高等教育の情報専門誌『The Chronicle of Higher Education』（クロニクル・オブ・ハイヤー・エデュケーション）のマネジメント・エディター（編集者）ダグラス・レダーマンさん。読者の多くは大学教職員で、大学教員の公募情報も多数掲載されている。ホームページhttp://chronicle.com/（通訳・茅野博美）

⑤しかし、多くの人たちは、やはりエリート校に行きたいと思っているが、みんなに行き渡るほどの職はない。だから、二流三流の州レベルに甘んじて、次のチャンスを狙っている。

ところが、とレダーマンさんは続けます。

⑥アメリカは、競争社会だ。企業側は、競争に耐えうるスキル（技量）を要求する。大学も学生も

学生の親たちも、卒業してすぐ仕事に就くことができるような技量を与える、経営学とかコンピュータサイエンス等、専門技術教育を求める。

しかし、大学の大きな役割には、しっかりした市民を作り出す教養教育がある。それがあらゆる専門教育の土台だ。教養教育がもっと前面に出てこなくてはならないのに、ビジネス的成功を得るための大学、大学院ばかりに傾いて、市民として、人間として生きる能力を教える大学教育がおろそかになっている。

レダーマンさんは、要約したような断定口調ではなく、むしろ言葉を慎重に選ぶようにして語ってくれました。この説明はじつに的確だと思います。

一流校のPh.Dをとったからといってコミュニティ・カレッジで使い物になるか？

コミュニティ・カレッジといいましたが、これには少し説明が必要です。

全米学生総数の3分の2を占めるといわれるコミュニティ・カレッジ（community college）は、1200校あり、2年制です。日本では一般に短期大学と比較されます。しかし、別に200校と少数ですが、2年制カレッジ（2 year college）があり、4年制大学の教養科目に相当する内容を教えます。むしろこちらが日本の短大と似ています。

コミュニティ・カレッジの教育コースには、大別すると3種のカテゴリーがあります。

①一般教養教育　英語や社会学の基礎科目（日本の短大）
②生涯学習教育　料理やダンスの各種技能（日本のカルチャーセンター）
③職業専門教育　商・工業学校や葬儀屋の専門家養成コースも（日本の各種専門学校）

つまり、学生といっても、主婦、社会人、職人、リタイヤ組、外国人等とりどりで、正規の学生ではないパートタイムの学生が半数以上を占めます。

カレッジ（大学）といいますが、ほとんどは学術水準を問われない、実用的・趣味的・世間的な知識や技術が教えられています。シカゴ大学を百貨店大学、コミュニティ・カレッジをコンビニ大学という人もいますが、規模からいえば、後者にはスーパーマーケット大学といえる大学もあります。

私が聞いたところでは、17～18歳で義務教育を終えた人が、就職もせずぶらぶらしていると、何をしでかすかわからない。州内の人にはほとんど無料に近い授業料で一時的に若者を「収容」しておくための施設である、ということでした（コミュニティ・カレッジのほとんどが公立です)。

このコミュニティ・カレッジに、一流大学のPh.Dをもった研究者がやってきたらどうでしょう。

レダーマンさんは、教育水準が上がる、というふうに考えているようです。はたしてそうでしょうか。実際にそうなっているでしょうか。

今回の取材では、残念ながら、この問題に正確に答えることができる材料を得ることはできなかった、といっていいでしょう。

しかし、②や③の教育はいうまでもなく、①の一般教養教育でも、Ph.Dをもっていても「無用の長物」という予測は十分立ちます。それに、一流大学のPh.D保持者のほとんどは、余儀なく選択したジョブであり、研究大学等への転職のチャンスをつねに狙っています。そのためには研究活動を第一において、業績をあげることに集中しなければなりません。教育にとって何よりも必要な一般教養や職業技術をつける労力を割くことに熱心ではいられないでしょう。一流校のPh.Dがコミュニティ・カレッジの教育水準の引き上げに貢献しない場合もある、と考えていい理由はあるのです。

もっとも、日本でも、きちんと大学院等で専門研究のトレーニングを積んだ人のほうが、平均すると、そうでない人より、教育力が高い、というのが私の経験則です。ここがなかなかつらいところです。高い研究能力を必要としない(といわれる)コミュニティ・カレッジの教師像が、

Ph.Dの持ち主たちの奮闘によって、変わることも十分予測されます。最先端でグローバルな知識や技術を、「主婦」にもわかるようなやり方で教えることができたら、これほどすばらしい市民教育はありませんね。

コミュニティ・カレッジの教師は気楽な稼業ときたもんだ⁉

アメリカの大学取材で最後に訪れたのは、ロスの郊外にあるサンタモニカ大学。都市型の典型的な巨大コミュニティ・カレッジです（夏休み中なのに、インタビューができたのは栄陽子留学研究所のみなさんのおかげです。ありがとう）。通訳は平井美帆さん。大阪・千里高校から直でUSC（私立南カリフォルニア大学）に入り、シアター科を出て、現在フリーライター（稀代の「詐欺女」を取材追跡中とのこと）。

取材に応じてくれたのは、巨体を揺らしながら話すストロムバーグ準教授。54歳。陽気な独身者で、「教えるのが好きだから、いまのポジションに満足している」といいます。UCLAで歴史（日本の歴史と日系アメリカ人の歴史）を専攻し、ドクターコースまで行ったが、Ph.Dは事情があり、とらなかった。それで、テニュアはあるが、正教授ではなく準教授。最後の取材とあって、なごやか。でも、ポイントは押さえました。教授の話をかいつまんでいうと、こうなります。

①Ph.Dを事故でとることができなかった。しかし、この大学のディーンの一人を知っていたので、教師の経験は全然なかったが、最初は専任ではないフルタイムの教師として雇ってもらった。30年前のケースで、現在はほとんど稀だ。

2年前に、歴史のポスト公募があった。430人の応募者中400人以上がPh.Dをもっていた。昨年は哲学の分野でポストがあり、200人以上の応募者中、半分以上がPh.Dをもち、そのなかの2人はすでにもう著作を出していた。こういう競争率の激しさは30年前にはなかった。

ロスアンジェルスのコミュニティ・カレッジ（2年制）のサンタモニカ大学ハーベイ・ストロムバーグ準教授（Harvey L. Stromberg）（通訳・平井美帆）

②しかも、Ph.Dをもっていてもすぐに大学で教えられない人が、パートタイムにまわる。いろんな大学で4つ5つのパートタイムの仕事をもって、1日に2つ3つのフリーウェーをかけずりまわる。ところが、（国民皆保険でないため日本以上に重要となる）健康保険制度は一切受けられない。この大学の半分以上の先生がパートタイムだ。

30年前は2年でテニュア（終身在職権）をほとんど自動的にとれた。今は4年かかる。しかもモニターのテストがあり、3人に2人がとれるという厳しい状況だ。ただ、一回テニュアをとると、ほとんどもう終身雇用で、この10年間に1人だけ首にされた人がいるが、彼はちょっと精神的におかしく、他の教師に暴力をふるったからだ。そういう人でさえ首にするのにも裁判にかけて、多額の費用を払わなければならなかった。

テニュアをとると、評判が悪くて、授業に50人学生が出席して、終わったときにはもう3人しか残ってないような場合でも給料は支払われる。

③しかし、この大学は多様だ。教師のバックグラウンドも多彩で、ビジネス関係からくるケース（弁護士、企業マン）が多いが、哲学とか歴史という教科になると大学から、コンピュータとかアニメーションになると、ハリウッド業界から教えにくるというような具合だ。

④私は教師になって幸運だった。結婚もせず、子供もおらず、教えることに打ち込んできた。だからものすごく自分でもよい教師だと思う。平均80人の生徒がクラスにいる。

1980年から95年まで15年間、ラジオに出て政治に関する質問に答えてきた。そんな点にも人気がでる理由があるのではないだろうか。

それに、週に4回、8時から11時まで、しかも年に8カ月しか教えないのに、8万ドルもらっている。そのほかに、ボランティアや会議があったりして、大学をでるのは午後4時ぐらいだが、実際に教えているのは3時間だけだ。

⑤研究活動という点で研究大学と違う点は、コミュニティ・カレッジのプロフェッサーに一回

なると、研究をしたり本を書いたりするプレッシャーが一切ないことだ。教授になる前は、どういう本を出したかはもちろん調べられるが、一回ここの教授になってしまうと、90％の大学教授はもう何も出版しなくなる。

自分としては、1日に4時間いろんな国の新聞も読むし、読書をして勉強している。オーストラリアのテレビやラジオのショーに呼ばれることがあって、新聞にも記事を書いている。

⑥学生ははっきりいって勉強しない。入学テストがないので、誰でも入れる。年齢も関係ない。しかも1年間たった１００ドルしかかからない。まあ気軽に来て、気軽にやめていってしまうという点では、30年間変わりがない。

外国人は特別料金（一単位あたり１５０ドル。ふつう2年間で60単位取得する）で、単位を落としたら、また払わなくてはいけないので、少なくとも勉強する。

30年前、日本人学生はいちばん優秀だった。しかし、現在は、ほとんどがお客さん。「ビジネス」でつれてこられ、観光気分の学生がほとんど。当然、特別メニューが用意されている。

以上、コメントはいりませんね。レダーマンさんの言を鮮やかに裏書きしています。取材中、まるで、拙著『大学教授になる方法』を読み返しているような気がしました。でも、こういう大学の教育でこそ、それを担う教師の能力や情熱が最重要だという私の考えは変わっていません。

第25章

アメリカの大学は学生数も教授数も飽和状態に達しているのに、元気だ

日本の大学教授の間口は狭くなるって？

あなたは「待てる」か？

〈日本の18歳未満の人口が低落を続けている。大学への志願者数が減り続ける。必然的に、大学教授のポスト数は減少傾向を強める。大学教授をめざしているが、あるいは、めざそうとしているが、将来展望はますます暗い〉

こういう暗いおもいにかられている人たちが私の知っている人のなかにもたくさんいます。先のことを考えても、どうなるわけではないが、つい頭をよぎるからつらいのです。いちばんつらいのが、定職が「いつ」やってくるかという「期限」がわからないことです。人は「いつまで」という期限が決まっていたら、少々の重荷でも耐えることができるものです。ところが、大学教授職をゲットするには、「待ち」しかありません。「そのうち」を期待するしかありません。こう

いわざるをえないのは、本当につらいことです。

日本の大学はまだ「成長」している

しかし「現状」を真っ黒く塗り込めるのは大人、賢い人のやり方ではありません。

①日本の大学は、まだまだ拡大成長期にあります。4年制大学の学生数は頭打ちですが、大学院の拡大、拡充はいまはじまったばかりで、大学院生数は年率にして5％程度伸びているのです。私の勤める大学にも5学部全部に大学院研究科ができました。

②日本の私立、国立大学を問わず、大人数授業がまかり通っています。私自身も、この5年以上、1000人サイズの講義を二つもっています。自由選択受講制だからこうなるのですが、100人以下にしないと、教育効果は期待できません。それでも切り抜ける方法はあるのだと工夫をしていますが、実際、夏休みが過ぎると、100人以下の出席者になり、ようやく授業が本格化するという具合です。まずいですね。

日本の大学で、研究教育効果を飛躍的に上げるには、講義や演習のサイズを小さくするという最低条件をクリアしなければなりません。教員の数を倍増する方向に向かって進むしかないのです。

③日本の社会は本格的に「資格」社会になりつつあります。大学がたんに卒業「証書」をもらう場から、「グラジュエイト」(graduate)＝「グレード」(grade 評価）を上げる場＝資格取得の

場に変化するということです。非常に単純化していえば、ソフト制作企業で特許事務を扱えるスタッフを募集するとき、「大学卒」が必要条件で、「弁理士」の資格が十分条件になる、ということです。

だから、専門学校とは別なスタイルで、大学もグローバル時代にふさわしい資格取得コースを積極的におきはじめました。これを大学の専門学校化、貶価とみなす意見もありますが、時代の新しい要請に目をつぶる視野狭窄に違いないと思います。

能力の自己開発の時代

もう少しマクロにとらえると、日本が本格的に「競争」社会に入ったことをあげたらいいでしょう。

トヨタ自動車は、いま一人勝ちです。新しいトヨタのマークがついた車が自動車市場をにぎわしています。ところが、このトヨタ、6年ほど前は、市場占拠率4割を割って、青息吐息だったのです。そのトヨタを再生させ、牽引したのが現会長で日本経営者連盟会長の奥田碩《ひろし》さんです。奥田さんの持論は、

〈社員の首を切るのは経営者の恥だ。終身雇用制を守り日本型経営方式を堅持したことと、財テクをやらなかったことがトヨタに勝利をもたらした〉(『中央公論』2001年4月号)です。すごい自信でしょう。たしかに終身雇用制には長所もあります。人材育成の長期プランのもとに高

い技術をもった従業員を育成するのに有利かもしれません。一時、日本が世界のトップの座に手をかけることができたのも従業員中心主義の経営方式があずかってあまりあった、といってよいでしょう。でも、トヨタの成功の「事実」が、日本の、ひいては世界の「事実」となるのでしょうか？　私にはそうは思われません。

競争社会では、最終的には、「能力」（情熱や努力も能力の大きな要素です）いかんが問題になります。日本は、欧米諸国のように、人種問題、宗教問題、階級問題等の社会的垣根がない分、競争が単一のフリーマーケットで繰り広げられ、加速化されると予想していいでしょう。企業が人材育成を担う場合、トヨタのような良質企業は、最初からいい人材を囲い込むことは可能かもしれませんが、ほとんどの企業はそうはいかないでしょう。長期的にみれば、トヨタだって「不要」な人材を抱え込むことを免れることはできません。だから、個人も企業も、人材養成と獲得で非常にハードな競争時代を迎えると考えていいでしょう。

日本人がどういう形にせよ自力を頼りに自分自身の道を切り開いてゆくためには、自分で自分の能力を高めるしか手はありません。自己能力の獲得の場としての大学が再編され、再評価される時代になるというのが私の確信です。このことを、福沢諭吉が新しい国造りに際して、「大学」（慶應義塾）つくりからはじめた意義を、いまあらためて想起しながら書いています。

日本の、ひいては大学の新生のためには、競争に耐えうる新しい能力をもった教師を大量に必要とするということはいうまでもありません。

アメリカの大学は進化しているが、飽和状態である

はじめに日本の大学の現状を紹介したのは、理由あってのことです。アメリカの大学院について理解してもらうためです。アメリカの大学ならびに教授と、日本の大学ならびに教授の違いは、大学院のあり方の違いにもっともあらわれているからです。

アメリカの大学は飽和状態です

アメリカの大学生総数は１５００万人で、人口総数で約半分の日本の大学生総数（専門学校や通信教育等を含む高等教育で学ぶ学生総数）４００万人と比較すると、異常に巨大であるだけでなく、飽和点に達しているといっていいでしょう。

さらに、アメリカの大学院生総数は１９９４年度で、すでに２００万人をこえていますから、これも飽和点に達しつつあるといっていいでしょう。大学院のある大学の学部卒業生の半数以上が大学院に進学していると考えてください。大学院生総数で、現在、日本が20万人をようやくこえたという現状と比較すると、アメリカの学生総数の巨大さがどれほどのものか想像できるでしょう。

アメリカの大学教師数は飽和状態です

アメリカの大学教師の就業者総数もまた巨大です。１９９８年、じつにフルタイム（常勤）で60万人強、パートタイム（非常勤）で26万人、合計86万人をこえている巨大市場です。明らかに飽和点に達しているとみていいでしょう。

しかも毎年、巨大な数の大学教授資格をもつ博士号取得者を大学院が生みだしています。アメリカでは教授職を得るのが難しい、ということが数字の上からもわかりますね。特に、人文系、社会科学系の就職が厳しい。

アメリカの大学は活気がある

しかし、学生数も教師数も飽和状態にあるとはいえ、アメリカの大学も教師たちも、活発で、前向きです。大学の未来に対して、教師職の未来像について、「暗い」心的状態に陥っていません。

アメリカの中等教育までは、一部の私立校以外は、惨憺たる状態です。大部分は、教える前に席に着かせるのさえ困難な状態なのです。だから、地域によっては、クラス担任の教師のほかに、各クラスに拳銃をもった常勤の生徒指導者（ガードマン）が必要なのです。それなのに、中等教育までの教師の知的水準は低く、それに見あってなのか、給料も3万ドル程度で、最低なのです。

アメリカの教育は、一部のエリートをのぞいて、少し極端ないい方ですが、本格的には大学からはじまるのです。教育大国アメリカを支えているのは、まさに大学なのですね。

なぜアメリカでは、大学生数と大学院生数と教師数がかくも多いのか

アメリカの大学教育熱は、日本では想像できないものがある、といっていいでしょう。いろいろな要因が考えられますが、一つは、アメリカが多人種（民族）社会である、ということと関係があります。白人優位社会のなかで、有色人種が望む仕事やポストを得る最適の方法が大学、あるいは大学院を出ることだからです。

ニューヨーク大学やニュースクール大学の大学院で教えるパートタイムのピアセンテ講師（37歳／1963年生まれ）に登場願い、少し詳しく考察してみようと思います。

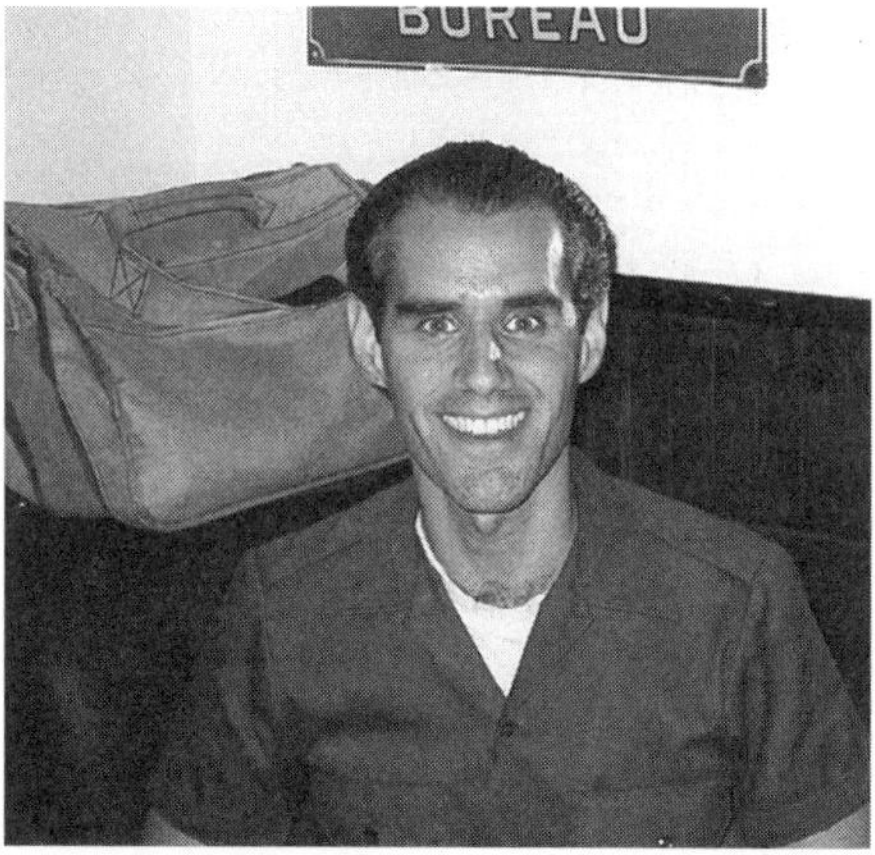

ニューヨークの巨大大学、ニュースクール大学などの大学院で非常勤講師として哲学を教えるアルバート・ピアセンテ（Albert Piacente）さん（通訳・柏木ゆう子）

「移民」が成功するには「大学」というルートがもっとも有効である

アメリカは移民の国です。移民といってもピンからキリまであります。「白人」で「プロテスタント」が「生粋」のアメリカ人なのです。彼等には当然のように、最近移民してきた「有色人」より優位な道が開かれています。

ピアセンテさんの家族は祖父母の代に、イタリア南部から移民してきました。ニューヨークのブルックリンに腰を落ち着け、イタリア人のコミュニティのコネでなんとか生き延びることができたそうです。言葉のハンディキャップもあり、学歴などありません。ですから、どんな仕事でも、ありさえすればえり好みなく、身を粉にしてこなすほかなかったというわけです。

ピアセンテさんの祖父の世代では、イタリア系はまだ「白人」と認知されていません。「有色人種」（カラード）の仲間に加えられていました。アメリカは白人の国です。人種差別は激しい。そういう社会で有色人種が上昇してゆく方法が大学だったのです。

移民の第二世代にあたるピアセンテさんの両親とも家族で最初の大学出です。まず言葉が自由になります。両親は、有色の移民が成功するもっとも有効な方法が大学を卒業することだという原則にしたがいます。ともにニューヨーク市立大学（ＣＵＮＹ＝キューニー）を出ます。この大学は、昔は授業料がタダ、学生の大半がユダヤ人かイタリア系、あるいはアイリッシュでした。いまでも黒人やヒスパニックが大多数を占めるマイノリティの大学です。

父親は化学を専攻し、タイル等の開発・研究部門で働き、母親は教育学の学位を取って、結婚するまでは小学校の教師をします。両親は、ブルックリンで結婚生活をはじめますが、お金をためて、ニュージャージーに家を買い、移民街を脱出し、「アメリカ人」の仲間入りの一歩をはたします。

第三世代のピアセンテさんは、最初から英語しか話さないアメリカ人で、「白人」の仲間です。この世代の成功は、

ニューヨークのニュースクール大学に客員研究員として海外研修していた堀川哲教授（社会哲学）と、鷲田教授（左）

＊本論のピアセンテさんに関する記事は、同僚の堀川哲教授のインタビュー・レポート（未公開）に負うところ大でした。取材中、ニューヨークで紹介、案内等の労を割いてもらった分も含め、記して、謝意を表します。

単純化していえば、後で説明するように、大学院を出ることで開かれるというわけですが、ピアセンテさんの場合は、ちょっと紆余曲折があります。

大学を出ないとまともな仕事はやってこない

ピアセンテさんの両親は、なんとかミドルクラスの仲間入りをはたします。しかし、移民という壁はまだ立ちふさがっていました。

ピアセンテさんは地元の公立高校へ進みます。エリートでリッチな白人家庭の子弟がゆく名門私立高校（小中高一貫、中高一貫、高校のみがある）へ進むには、移民第三世代ではまだまだ不十分だったのです。

公立高校の授業は、機械的な丸暗記を強制するだけで、まったく面白くなく、勉強する意欲が湧かずに過ごした、とピアセンテさんはいいます。好奇心旺盛なピアセンテさんにとって、田舎町（郊外の2万人くらい）の高校時代は、まったく退屈な日々です。結果、成績はBを下回ったそうです。それで、大学進学コースにも入れず、SAT（Scholastic Aptitude Test 大学入学適性試験）も悪かったということもあって、大学に進学する気もおこらなかったそうです。

しかし、大学を出てミドルクラスまではい上がった両親は、そんなピアセンテさんの「気まぐれ」を許すわけはありません。学位をとらないとましな職業に就けない、大学院を出ないと両親どまりだ、というわけです。仕方なく、地元ニュージャージー州立大学のラトガーズ校（カレッジ）に志願しますが、幸い入学を許されます。

アンダーグラジュエイトは「まだ卒業していない学生」ということだ

アメリカのカレッジの4年間の講義には専門科目はありません。これは大学院のある大学（研究大学）でもまったく同じです。教養科目（リベラルアーツ）がすべてで、専門科目の勉強はみな大学院（Graduate School）に入ってはじまるのです。例えば日本の医学部、法学部などにあたる学部は、アメリカでは大学院にあります。

ピアセンテさんは、メジャー（主専攻）に哲学と歴史の二つを選びます。特に講義等が気に入ったわけではありませんでしたが、哲学に惹かれます。そして、哲学を専門に学ぼうと思えば、アンダーグラジュエイト（Under-Graduate 学部4年）では不可能で、大学院に進まなければなりません。

ピアセンテさんのケースからもわかるように、知的・技術的専門家になるためには、大学院が必須コースになります。アメリカの大学院が巨大化したのは、アンダーグラジュエイトでは専門科目を教えない、大学院を出ないときちっとした専門家とは認められない、ということの裏返しなのです。

グラジュエイト・スクールで「専門」を学んだ人が専門家になる

ピアセンテさんは、大学院の修士課程はミシガン大学に進みます。ここで大学院といいますが、「アーツ・アンド・サイエンス大学院」(Graduate School of Arts and Sciences)のことです。

日本では、4年制の学部の「上」に大学院があるというのが実態ですが、制度上は、大学院は一つ(○×大学大学院)で、各研究科に分かれているのです。アメリカでも同じで、哲学、経済学、社会学、文学から、数学、物理学、芸術学というように、さまざまな専門コースを全部ひっくるめたところです。ただし、アメリカではアンダーグラジュエイトが専門学部に分かれていません。

名門の研究大学はこの大学院が主力なのです。ここで博士号をとった人たちが、大学をはじめとする高等専門教育・研究機関での職を求めるわけです。

このほかに、グラジュエイト・スクールには、プロフェッショナル・スクール(Professional School)があります。経営者、法曹、医師などの高等専門職業人を養成するビジネス・スクール、ロー・スクール、メディカル・スクール、エデュケーショナル・スクール等です。一流私立大学はグラジュエイト・スクール、とりわけ、プロフェッショナル・スクールが主力で、アーツ・アンド・サイエンス大学院やアンダーグラジュエイト・スクールが従なのです。

アメリカはこの高等専門職業人たちが指導する国です。彼等からエリートのほとんどが輩出されます。名門でリッチな白人たちの子弟はもちろんのこと、有色人で低所得の子弟も、日本の数倍もする費用を払って、こぞって大学院へゆこうとする理由は、おわかりだと思います。

大学教授になろうとすると

ピアセンテさんは、「よい職業」を得るためということで、大学に、大学院に進みました。大学院で専攻したのは哲学です。ところが、大学院でおこなわれていた哲学の授業に失望します。ビジネス・スクールと同じような一種の職業訓練だったからです。

それで、マスターを出た後、ドクターを受験せず、郷里に帰って、とりあえず、貧民街の公立小学校の代用教員になります。ところが、公立で貧民街の子どもたちにまともな教育なんてまるで不可能。それに、教員の収入は、警官と同じく最低。それやこれやで、大学院に戻る決心をします。幸運なことに、奨学金が当たり、バージニア大学のドクターコースに進むことができました。そこで哲学を「自力」で研究しだすと、これを一生の仕事にしようと思えるほど面白いものであることを発見します。

しかし、哲学研究を主にして生きてゆこうと思えば、大学で教えるしか「収入口」がほとんどありません。教えるだけのことなら、大都会で大学教師のパートの仕事を比較的容易に見つけることができます。実際、ピアセンテさんは、大学院在学中に大学で教えはじめてちょうど10年たったそうです。でも、収入がメチャ低いのですね。非常勤のままで、年間、3万ドルくらいで生活しているそうです。一学期6コース受けもっていて、週3日授業に費やすそうです。これはなかなかのハードワークだと思われますが、「教えるのは嫌いではないから」といい、少しも深刻そうではないのですね。

それに、たとえ、大学等でフルタイムの研究教育職を得たとしても、収入はこれまた低い。ピアセンテさんは、「プッシュ、プッシュ」といいます。めげずに頑張るしかない、ということです。じつにバイタリティがあるし、朗らかです。

「精神」の自立は、「学問」の自立だ

ピアセンテさんの博士課程時代の指導教授はローティ（リチャード　１９３１～）です。主著『哲学と自然の鏡』（産業図書）は邦訳もされ、ケンブリッジ・岩波世界人名辞典にも名が載るほどの超有名哲学者です。この人も変わり者で、アカデミーの学問区分を嫌い、既存の専門学部に入ることを拒否してきました。

ピアセンテさんは、ローティに輪をかけたような非常にユニークな人です。変わり者というところです。常勤になると、精神の自立を、専門学部に入ってこれからうちたてるべき自己の学問の自立を邪魔されるのがいやで、テニュア・トラックに乗らずにいるそうです。つまり、当面、非常勤だけでゆこうというわけです。収入は少なくとも、自由な時間を確保し、がんがんめざす仕事（著述）をしたい、というわけです。すばらしいでしょう。

大学院を出て、いい職業、いい地位を得るというピアセンテさんの当初の目的から、人生軌道は大きく外れたようです。それでも、大学院で学べたこと、現在、パートとはいえ大学院で教え

ていることを、ピアセンテさんはポジティブに評価しています。そして、最初の著作の仕上げにとりかかっているといって、プリントアウトした冊子を見せてくれました。ピアセンテさんに、アメリカの大学の健康的な側面を見る気がしました。

アメリカの若者はなぜ大学教授をめざすのか

それでも大学教授はいい職業だ

いちばん苦労している（ように見えた）ピアセンテさんでさえ、大学教授はいい仕事だ、といいます。最後に、この点を再確認してアメリカ編を終えようと思います。

1．競争での努力は報われる

アメリカの大学に「公正」という神が支配しているなどということはありません。何かにつけ、名門でリッチな白人が優遇されます。コネが、大学入学をはじめ、大学で職を得る場合も、大いに有利に働きます。ゴマスリ人間もいます。

それでも、移民でプアな有色人にも、自由競争の門は大きく開かれています。その競争で優秀な力を発揮した人には、「成功」の扉を開く鍵が与えられます。問題は、早いか、遅いかです。しかも、アメリカ社会は、多様な仕方で、敗者復活戦をもうけています。

2. ステイタスが高い

アメリカの大学教授は、日本と比較して、収入は低いが、社会的ステイタスが高いといっていいでしょう。高い専門性をもった人たちを国家も、社会も大切にしていることの反映でしょう。アメリカは万事が金で動くビジネス社会である、ととらえるのは一面的です。アメリカの大学がビジネス原理で動いているというのは本当ですが、そこで働いている教授たちが満足できているのは、一般論としていえば、ステイタスが高いからに違いありません。

3. リストラにあわない

アメリカの大学教授は、アメリカ社会では例外的に、終身雇用制です。一度、教授になれば、よほどのことがない限り首にならない、安定した地位です。長期安定の保証は、停滞を生みますが、職業としてこれほど精神的にいいことはありません。

もっとも、リストラにあわなくとも、研究や教育で存分の貢献をしなければ、優遇はされません。この意味では、「悪平等」を免れています。

4. 長期休暇がある

アメリカ人はリタイヤの日を指折り数えるそうです。年金をもらって老後を楽しく暮らそう、というわけで、日本とおよそ反対の精神構造でしょう。そういう国民性の持ち主にとって、6月から9月末まで長期休暇がある大学教授の仕事は、こたえられないのではないでしょうか。

5. 自由な研究が保証される

アメリカの大学の研究教育にはビジネス原理が貫く、というのは本当です。大学に「金＝ビジネス」と「名誉＝評判」をもたらす研究が優遇されます。しかし、ビジネス原理に従わない研究が優遇されないことは本当だとしても、文系にかぎらなくとも、思想信条や研究テーマを理由に、強制的に停止させられるなどということは、よほどのことがないかぎりありません。この点、アメリカの大学は「自由」が根づいているといっていいでしょう。

6. ビジネスチャンスがある

日本の大学にも、もちろんビジネスチャンスはあります。しかし、比較を絶してアメリカのほうが多い、といっていいでしょう。公募で学長や学部長（経営者）のポストが決まったり、軍や企業から莫大な研究助成金がついたりするのです。あるいは、財務長官がハーバード大学の学長になったり、その逆もおこるのです。

以上、6点を記すにとどめますが、2から5までは、大なり小なり日本の大学教授にも共通する部分です。1や6は日本でもこれから大いに取り入れられてゆくでしょう。アメリカの大学と大学教授の姿は、日本の未来の姿を映し出す鏡である、などと簡単にはいえませんが、元気のいいアメリカの大学と大学教授に大いに学ぼうではありませんか。

対談

吉村作治教授と語る大学教授の現状とこれから

「教員はサービス業」――教育者としての大学教授

――今回は、鷲田先生が対談のお相手に「ぜひ吉村先生を」とのご指名で、ビッグな対談が実現しました。大学教授になるにはどのようにすればいいのか、またその心構えなどについて、ゆっくりお話をうかがいたいと思います。

吉村 それはもう、鷲田先生が連載で書かれているとおりでして。私の思っていることもまったく同じです。もっとも私は読んだ後にそう思うので、洗脳されているのかもしれませんが（笑）。

鷲田 ムチャクチャ言うなぁ（笑）。私も、吉村先生の書かれた本はほとんど読んでおります。

吉村 （笑）

鷲田 しかし、先生の意見は〝正攻法〟なんですね。「学生は将来後悔するから勉強しなさい、教師は苦労しても最後まで怠けないで頑張れ」。これは確かに王道なんですが……。吉村先生は、外国の大学の実状や学生への教え方についてどうお感じになっていますか?

吉村 外国の大学といっても国によっていろいろ違います。まず私の留学していたエジプトの大学ですが、先生の言ったことを丸暗記ということに徹していますね。先生は神様であって、学生に意見を求めるということは絶対ない。学生時代、そうやって決めつけられてきたフラストレーションが私を育ててきたと言ってもいい。そういう意味では私は感謝しているのですが(笑)。エジプトは、ヨーロッパの大学の影響を受けているんです。ヨーロッパでは、例えば、「ピラミッドは王墓である」といった前提となる説を出した上で、それに対する異説や異論を出しながら討議を進めていくというスタイル。一見自由なようでも〝幅〟は決められています。

鷲田 ヨーロッパには、言いたいことだけ言いまくるひどい教員もいますよね。もっとも、学生の側が教員を選択する自由が大きいですが。

吉村 一方アメリカの大学は、「ピラミッドとはなんであるか、レポート用紙3枚に書いて提出せよ」というような課題がまず出されて、集まった学生の意見をもとに議論がスタートします。僕は、アメリカ型がいいのではないか、と考えています。まあ、あれほどレポートを書かせなくてもいいとは思うけど、自由なディスカッションができるという面は、日本が採り入れていかなくてはならないものですから。

鷲田 アメリカは、学生も大変だけど教員も大変。教員になるには厳しい関門がいくつもある。もっとも、一度なってしまえば、後は楽になるという面もありますが。

吉村　日本には、そのような〝関門〟ってない。かつては「末は博士か大臣か」といわれたくらい、学者になるのは大変なことだった。現在は、自分の研究室の先生にくっついていれば、いつかは教授になれるというような変な慣習になっていますね。

鷲田　日本でも、文系なら40歳代くらいまでは自由に研究をさせてやり、それをこえたら〝教授〟としての資質を測る尺度が必要なんです。

吉村　特に教育面の資質ですね。大学教員というと、〝教える〟ことが主なような印象を受けますが、実は〝教える〟トレーニングをどこでも受けて

撮影／菊地英二

吉村作治（よしむら　さくじ）

1943年東京生まれ。早稲田大学第一文学部卒。カイロ大学考古学研究所留学。現在、早稲田大学人間科学部教授（工学博士）・エジプト学研究所所長。専門はエジプト考古学、比較文明学。1966年以来、早稲田大学古代エジプト調査隊を組織し、ハイテクを利用した調査を続けている。CMやクイズ番組などでもおなじみ。主な著書は、『エジプト発掘30年』（平凡社）、『痛快！ピラミッド学』（集英社インターナショナル）、『ピラミッド文明・ナイルの旅』（NHK出版）、『エジプトのミイラ』（アケト）、『ひとのちから』（麗澤大学出版会）、『吉村作治の古代エジプト講義録（上・下）』（講談社）、『それでも君は大学へ行くのか』（PHP文庫）など。またホームページで毎週メッセージを発信中（えじぷとぴあ http://www.egypt.co.jp）

いない。文部省の規定では、大学の教授になるための資格は「博士号取得者」、助教授は「修士号取得者」と定められています。が、これには「それと同等の能力を有するもの」という補足の規定があって、みんなこの規定で教授や助教授になっている（笑）。しかし、博士とか修士は研究者としての資格であって、教育者としての能力はまた別です。第一、「教員免許」すらいりませんから。

鷲田 日本でもヨーロッパでも大学〝教員〟養成機関はありませんね。

吉村 だから大学にも教授法を含めた「大学教員免許」が必要なんです。教室で教えるテクニックをもった人でないと授業のマネジメントができない。文部省は最近、大学に対して「自己点検をしろ」と言っています。文部省のいう自己点検がいいかどうかは別にして、教育者としての自己点検なら、私自身はとっくにやっています。試験ですよ。学生に対しておこなう試験は、実は学生ではなくて、教員を試すものなんです。もし点数が低い人間があまりにも多かったら、教え方を考え直さなければならない。

しかし、ひどい大学教員もいますよね。授業中に学生が騒ごうが何をしようがまったく関知せず、90分間ただしゃべり続けてとにかく時間を埋めればいいという態度だったり。その一方で、ちょっとでもおしゃべりすればつまみ出す私のような教員もいるけど（笑）。

鷲田 大学教員によって学生に対する態度も千差万別。それは今も昔も変わっていない。

吉村 「先生、いまレギュラー何本もっているんですか?」なんて質問してくる奴もいる（笑）。大学の授業とテレビのバラエティ番組を同じ目線で比較していますからこちらはたまらないですよ。学生の質を改善するには大学入試から変えないと。知識は教えるんですから、むしろ授業をしっかり聞く気がある人間を選んだほうがいいんです。すべての高校卒業生に「高校卒業検定」試験を導入して、これに合格さえすれば、勉学の意思だけを確認して無試験で大学に入れてやればいい。いっそ、自分の親、母校の担任の先生、それから近所のオバチャンからでも推薦状をもらってくれれば、面接を受けられるといった「推薦状制」にすれば、その学生が本気で学ぼうとしているのかどうか、わかりますよ。

一方、教員の側も大学の授業には、テレビ番組にはない面白さが含まれているっていうことを理解させる努力をしないと学生はついてきません。ビデオやＯＨＰを使うとか、プレゼンテーション能力をつけることも大切。サービス精神のない人は教壇に立ってはいけないんです。研究者はサービス業ではないですが、教員はサービス業ですから。

鷲田　「教員はサービス業」。確かにそのとおり！　現在の消費社会において〝買い手〟と〝売り手〟の関係はひっくり返せません。大学において学生は〝買い手〟、「消費者」なんです。しかし、彼ら学生は卒業・就職するとき、社会に出てから〝売り手〟になりますから、そのときにしっぺ返しがくるんです。

吉村　バブルの時代、「大学時代に勉強しておかないと、社会に出てから大変だぞ」と私がいくら言っても、学生は聞く耳を持たなかった。いまは不況なので、そう言うと学生がビビってしまう。

それで、学生の質が改善されたというのは、ちょっと悲しいけどね（笑）。

もっと客観的に、柔軟に
――大学教授の人事システム

鷲田 大学教員をめざす人間を登録しておいて、実績などを見ながら教員に登用していくかたちですね。

吉村 鷲田先生が提案されている〝人材プール制〟（15章）に大いに賛成です。

――大学教員をどのように教育、採用するか。これについてのご意見をうかがいたいのですが。

吉村 10年前になりますが、私も、オーバードクターの人をプールして、最低限の生活保障をしながら、そこから採用するようにするということを提案しました。学術振興会の研究員というのもあるんだけど、採用は非常に少ない。プール制度があれば、登録した人には研究発表の場を与えてどんどん研究させる。大学側は、その発表を見て採用を決める。この制度を確立すれば、従来の大学教員はガラッと変わるはずです。

鷲田 オーバードクターは、全大学教員数の約1割、2万人くらいいます。経済学的にみても、オーバードクターの職場を作るような公共事業をするより、失業対策事業のほうが10分の1以下の費用ですみます。

吉村 非常勤講師として教えるという経験を積むいまの制度も、それなりに評価できます。でも専任は、最初から助教授で採用したほうがいい。そうして若いうちに教授にあげてやる。そして助教授や教授を採用する際には、第三者機関による審査をおこなって、実績や教授法を見る。そうすれば非常にすっきりします。

鷲田　今の〝出来レース〟的な公募では、優秀な人材が集まりませんから。私も実は公募に応募したことがあるんですが、書類を送ってもまったくなしのつぶて。そして5カ月たったところで「意にかないませんでした」なんて一筆が来ました（笑）。

吉村　公募なんて形式だけですね。ありゃ〝私募〟だ。どのように募集告知をしたかを見れば一目瞭然！

鷲田　アメリカなんかは新聞でも公募がおこなわれているのにね。

――吉村先生は、長い間〝助教授〟で足踏みされていましたよね。

吉村　やっとなれました。これも、鷲田先生の『大学教授になる方法』を読んだからこそです（笑）。

鷲田　昇進の審査を同僚がおこなってはいけませんよね。教授会でそれを決めるとなると、10人のうち2人が反対したらもうその人は採用できない。足の引っ張り合いもあって、なかなか教授にできないんです。

吉村　私の場合、「研究業績」と「授業内容」では教授昇進資格を満たしていたのですが、「その他」の要件がダメだというので助教授を長くやらせてもらいました（笑）。その「その他」っていったい何かと思えば、〝品性〟だって！　助教授は〝品性〟がなくてもいいんでしょうかね（笑）。

鷲田　そんなことを言っているから、品性がないと言われるのではないですか（笑）。教員の昇進をあやふやな〝基準〟が支配している。

吉村　いったいどんな教員がどんな研究をしているのか。これがわからないと、教員を採用する大学だけではなくて、これから大学に入って大学生になろうとする人がかわいそう。今のままでは、大学の名前でしか受験校を選べませんから。

鷲田　それから、大学間の教員の異動も、もっと柔軟にしないと。プロ野球のフリーエージェント制度のようなものが、ベテランの教員にあってもいいでしょう。3年に1回くらいずつ、異動するような感じで。

吉村　すべての教員を網羅した〝年鑑〟を作るべきだと文部省に手紙を出したことがあります。その年鑑は、大学や名前で引くのではなく「逆引き」でなくてはいけない。つまり、研究分野で引けるようにすること。外国の場合は、『Who's Who』のような人名年鑑の出版元から「載りたいですか？」というオファーが来ます。とにかく、公平な目で判断した〝人名年鑑〟が必要です。そのためには学問領域とその内容を定めておかないといけないけど。

鷲田　学問の再構築が必要な時期に来てますね。実は学術振興会が、毎年調査をおこなっているんですけど、その調査の結果は、まったくどこにも反映されていないんです。国でなく、一企業がやってもいいんですよ。

「休みのときこそ研究する」
――研究者としての大学教授

――ところで、研究者としての大学教授はどうあるべきだと考えておられますか？

吉村 研究者というのは、フィールドや研究室でやみくもに研究していればいいというものではない。考古学でも、掘っているのが楽しいというだけではダメ。やはり、インプットと同時にアウトプットがうまくできるのがよい研究者ですね。

鷲田 私は連載で「よい教育者はよい研究者であるけれども、よい研究者は必ずしもよい教育者であるとは限らない」と書きました。でも実際はそうでもない。ただ、よい研究者は教育をするのが嫌いなこと

が多いんです。多分、吉村先生はこのタイプなのでは？

吉村 そう（笑）。でも、研究しない教員はダメですよ。つねに考えている姿勢が重要なんですよね。つねに新しいものを研究していないと、授業がどんどん平坦になっていくはずです。哲学にしても考古学にしてもそれは同じだけど、研究をおざなりにした結果、授業がつまらなくなっている教員がいかに多いことか。

鷲田 大学に毎日来ている教員が研究熱心というわけではないんですね。自宅や自分のオフィスでなく、大学で研究している文系の教員の蔵書が、いかに少ないか。大学の研究室に置ける書物なんて数千冊にすぎませんから。むしろ、文系の教員は学校にいないほうがいいんです。

吉村 大学から出る研究費なんて年間35万円に、学生数によって決まる実験実習費が40万円くらい。それだけではどんな研究もできませんよ。

鷲田 私のところは、もう少し多いけれど（笑）。それにしても、プロ意識のある教員は少ないですよね。サラリーマンだって、いまは〝自己啓発〟を求められる。それに比べれば、教員なんて楽な世界じゃないですか。

吉村 サラリーマンに比べ、「自己投資」を考えない教員が多いですよ。私は、高い洋書も含めて年400万円くらいの書籍を購入しますから、大学の研究費では本代にもならない。また最近はコンピュータが必需品ですから、そのソフトやなんやらでも膨大なお金がかかる。ですから、かなりの自己投資をする覚悟がないと。

鷲田　大学から出ている給料は、生活費にすぎません。給料だけで研究をしようとは、まかり間違っても考えてはいけない。そんなつもりの人は教員になってほしくない。

吉村　エジプトの発掘報告書なんて1冊出すのに400万円もかかるんです。それが全部自腹。そこで私の場合は、短時間で稼げるCMや講演会でお金を稼いで、それを研究費に充てています。テレビやラジオの番組に出るのは、単純な理由。テレビに出演する→露出度が上がって、講演会のお誘いが増え、講演謝礼も上がる→調査費が潤沢になる、という構図です。拘束時間の長いドラマには出演しないんです。まあ、主役のお誘いがあったら考えるけど（笑）。

鷲田　研究にはお金がかかる。そして教員をめざそうとするなら30代なかばまで無給状態。カネを儲けることが目的なら、教員にはなれません。お金の点は、連載でも「あとで返せば、親に〝たかる〟ことは決して悪いことではない」と書きました。

吉村　昔は「家が金持ちではないなら学問をやるな」とよくいわれたものです。私も、最初は両親に頼み込んだんだけど、あまりにもお金がかかるんで、びっくりしていたよ。

鷲田　もっとも、20歳を過ぎるとなかなか世間の目もうるさくてね。それから、お金だけではなく、体が丈夫じゃないといけない。体が丈夫で、アルバイトも研究も何時間やっても大丈夫というくらいじゃないと、30代になったらヘトヘトです。

吉村　やっと教授になったとたんにムササビかトンビのようになってしまう。翼を広げたままでスーッと滑空しているだけ。

鷲田　低空飛行でね（笑）。大学の先生は、朝起きたときから寝るまで、つねに研究していなくてはいけないんです。奥さんが「旅行に行こう」って言っても、それを断って研究に専念するくらいじゃないと。若いうちは、楽しくても家事や子育てなんかやっちゃいけません（笑）。

吉村　それじゃ離婚されちゃうよ、私みたいに（笑）。私は家事は好きだからやりますけどね。でも料理を作りながらエジプトの食文化を考えていたりする。考古学は〝生活科学〟だから。

鷲田　20～30代のときはものすごくエネルギーがありますから、そのときにはもう家庭そっちのけで勉強しないと。大学の教員になろうとする人は、自分にそれだけの才能と勉強する気力が備わっているかどうかを再確認する必要があります。

吉村　研究者としてはまさにそうですね。その一方で教育者としての側面があるけど、それは、ある程度の時間をかければできるようになってくる。また教えることで、研究成果との相乗効果が出てくることも確かなんです。

鷲田　私はつね日頃から「大学の教員には誰でもなれる」と言っています。これは正しいのですが、実際になれる人は、「勉強が好きな人」と「勉強を長い間できる人」にかぎります。

吉村　そう。好きな人じゃないとダメ。例えば野球選手はただひたすらに野球が好きなんですよ。「好き」で、「才能」があり、「努力」しないと。それは大学教員も同じで、40歳くらいまではがむしゃらに勉強し続けないと。

鷲田　でも、プロ野球選手に比べたら、大学教授なんてチョロいもんですよ（笑）。

吉村 プロ野球選手は1000人もいないけれど、大学教員は20万人はいる。希望すれば、2人に1人くらいは必ずなれるんじゃないですか。

鷲田 そして、大学教員のおそらく半分くらいは、40歳になると勉強が嫌いになってしまいますよね(笑)。

吉村 精神的にも肉体的にも相当タフでないとやっていけない仕事ですね。会社なら、利益を出すという共通の目的があるけど、研究にはないもんね。

鷲田 休みがあったらリフレッシュしよう、なんていう人は、教員にならないほうがいい。休みのときは、もっと勉強するんです。

(構成/秋山たけし)

それでも大学教授をすすめたい

▼“Be ambitious!”

札幌の羊ヶ丘にクラーク博士の銅像が建っています。私の勤務している札幌大学のすぐ近くです。北海道大学（前身は札幌農学校）の創設者の博士は、“Be gentleman!”を唯一学生に要求したそうです。博士は半年で大学を去りましたが、残した言葉はいまに語り継がれています。

“Boys, be ambitious for the attainment of all that a man ought to be.”（青年よ、人間の本分をなすべく大望を抱け）ですね。もちろん、現在では、“Be lady and gentleman!”と“Men and women, be ambitious!”とに訂正しなくてはなりませんが。

具体的に「大望」は何を指していたでしょう。「末は博士か大臣か」ですね。正岡子規は故郷松山から「太政大臣」になるべく、笈を負って上京しました。その旧友の夏目漱石はもちろん博士＝帝大教授をめざしました。しかし、子規も、漱石も、「大望」を途中で放棄し、自分の好み（センス）を貫きました。

21世紀を直前にしたこの時代の「大望」とは何でしょう。「自分の思うがままに生きてみたい」ということではないでしょうか？　子規や漱石はレディメードの大望は捨てましたが、自分の思うがままの人生を選び取った、といっていいでしょう。

そんな生き方ができたら素敵ですね。そういう生き方に少しでも近づいてみたいですね。「思うがままの生き方」とは自由な生き方のことでしょうが、クラークもいうように、それには「本分」＝義務が伴います。自由を可能にするような本分とは何でしょう。学生の本分は勉強でしょう。大人（紳士淑女）の本分は「仕事」ですね。ジェントルマン、「大人」、独立独歩の人間として生きることができ、しかも、思うがままの生き方が可能な仕事＝職業など存在するでしょうか。

▼どうしてどうしてどーして、そんなに大学教授がいーの!?

アメリカの大学でフルタイムで働く教師の数は60万人をこえています（1998年現在）。同じ年の日本は14万人ですが、遠からず日本も30万人に近づくでしょう。

アメリカの大学教師の平均給与は5万〜6万ドルでしょう。日本もその水準にかぎりなく近づくのではないでしょうか。そうでなければ、日本はアメリカに追いつくなどままならないでしょう。大学が変われば日本は変わる、と思ってください。

傾向としていえば、日本の大学教師数は倍増し、給与は半減するということです。現在アメリカの大学の教師数と給与は日本がめざす水準ですが、それでも教師志願はますます増えています。

いまアメリカはいけいけどんどんの時代です。就職口はどーんと開いています。ところが、優秀な頭脳が、倍率がべらぼうに高く、収入は夫婦共稼ぎでやっとというほど低い大学教師職（ジョブ）をめざしているのです。しかも、アメリカでは、博士号をとらなければ、原則として、大学教師になれないのです。年月も費用もかかるのです。

そんな現状なのに、なぜ大学教師になぞなろうとするのでしょうか？　ストレートにいえば、この職業が、思うがままの生き方を可能にするような仕事だからではないでしょうか。もちろん、大学教師になったからといって、棚ぼた式に、思うがままの生活などやってこないでしょう。しかし、自力で、思うがままの生き方に近づく可能性がもっとも大きな仕事ではないでしょうか。

▼魂がふるえるのです！

私は、大学教師の仕事を選んで、この仕事に熱中しているとき、ふと、自分の魂がふるえていることに気づくことがあります。私がハートとソウルをぶち込んで仕事に熱中するとき、身も心も疲労困憊している最終局面で、鐘の音がやってきて、それに私の魂が共振するのです。

英語で「職業」を表す言葉はたくさんあります。occupation, calling, employment, job, profession, trade, vocationで、大別すると、サラリー（対価）をもらう仕事と、天から与えられた（呼ばれた）仕事ということになるでしょう。どんな職業でも、自分の仕事を天職と考える理由がありますが、自分がそそぎ込んだエネルギーで自分の魂がふるえるという職業に、大学教師は自力でかぎりなく近づくことができるのではないでしょうか。つまり、大望と本分（義務）が接近できる職業なのです。

▼天職としての大学教授

私は『大学教授になる方法』で、普通の人が、普通に選び、間違いなきよう努力したらなることができる職業（ジョブ）としての大学教授に光を当てました。大学と大学教授があまりにも閉鎖的で、秘密のベールに包まれたような存在のように思われていたからです。まずは大学に覆い被さっていた光背を取り除こうとしたわけです。ひとまずは、私の試みは成功したのではないでしょうか。そのためというわけではありませんが、はじめて顔を合わせた大学教授たちから、驚田の本を読んで大学教授になった、と声をかけられることがしばしばあります。USAでもそういう声に出会ったのですから、驚きです。うれしいかぎりです。

しかし、私は、大学教授というのは、尋常な職業ではないと考えています。なるのには、最低10年間、研究活動に専心しなければなりません。もちろん、自費でです。労力も金も必要です。しかも、ポストを得るには、高倍率を突破しなければなりません。

ポストをゲットしても、給料は生活費分しかでません。研究費は自力で弾きださなくてはなりません。給料分だけで優雅な生活をしている大学教授がいるとしたら、大した研究教育活動をしていない、とみて間違いありません。

理系の場合は、研究施設と研究費つきのところに就職できなければ、研究者としての能力開発は絶望的です。早晩、スクラップになることを覚悟しなければなりません。しかし、基本的には文系でも同じなのです。違いは程度の問題でしょう。

エッ、教育活動には大した費用はかからない、ですって。大学教師の研究活動は、あげて教育活動のためにある、などといいはしませんが、充実した教育をするには、想像以上の知的武装を必要とするのです。

学生のとき、アメリカ帰りの若い教師が、お前らのような三流大学の学生に教えるなんて、なんて不運なんだ、というような高慢ちきな態度で授業に臨んだので、三流大学の学生の実力を示そうと、質問したところ、まったく答えることができず、そのうち、挙手しても学生のほうに顔も向けなくなり、いつの間にかその教師の顔を見なくなった、という経験にであいました。学生はよく見ているのですよ。バカな教師か、そうでないかをすぐにかぎ分けるのです。同僚教師にバカにされる教師は惨めですが、学生にバカにされる教師は悲惨です。自分がバカにされていることに気がつかないほどバカな教師は稀だからです。

▼司馬遼太郎に学んでいいとも!

司馬遼太郎は、小説は、何を、どう書いてもいい、といいました。それを実践しました。小説は、どんな題材をも取り上げることができる、どんな書き方をしてもいい、ただ書きたいことを書きたいように書けばいいのだ、と言い放ちました。

司馬さんにならっていえば、大学教授は、どんな対象を取り扱ってもいい、どのような教育研究方法で臨んでもいいのです。もちろん、専門は必要です。しかし、自分の選択になるものです。司馬さんが得意にし、専門にした領域は、戦国末期と幕末でしょう。しかし、日本と世界の地域の歴史をくまなく走破するような仕事をしました。その場合、ただ雑雑と領域が広がっただけでなく、専門で獲得した目がつねに光っていました。その上、専門での探求方法とは違った、時間を自在に移動し、広大な領域の歴史と現在を鷲づかみにするような、新しい探求方法が編みだされました。

研究活動でどれほど狭く深い領域を掘り進むことが許されても、教育活動では、その研究活動を再演するだけではまったく不十分です。よい研究者はよい教育者とはかぎりません。教育では、より広い領域を、素人にもわかるような表現方法で、知的好奇心を揺さぶるような実践が必要です。そのためにはさまざまな研究活動が必要になります。この意味では、よい教育者はよい研究者である必要があります。ここが難しいのです。ただし、私はわかったように、自分がさも実践しているかのように書いていますが、つねにそうなりたいと努めているにすぎません。

▼休日はレクリエーションじゃないのよ！

大学教師の本分とは、自分一人の力で、思うがままに、教育研究＝仕事ができるということです。幸運なことに、そのための時間だけは、たっぷりと与えてくれます。大学教師の「休日」は、レクリエーションの時間ではなく、クリエーションの時間です。魂がふるえなくてどうします。

ところが何を勘違いしたのか、大学教師にタイムカードを押させ、講義がなくとも週4日出校せよ、などという義務を課す大学が増えてきています。理由は、大学教師が休日をレクリエーションしていて、クリエーションしていないと考えているからでしょうか。あるいは、クリエーションする必要なぞない、と考えているからでしょうか。いずれにしても、大学教師にとって、死刑に等しいことでしょう。もちろん、大学は死にます。

私は休日や長期休暇になると、うれしくなりますが、浮かれたものではありません。規則正しい日課が始まります。ノルマを決めて、それを満たすまで「机」を離れない、などとむやみに張り切る気持が湧いてきます。こういう稚気が

大学教師には必要ではないでしょうか。

▼だから大学教授をめざせ！

無給自費の修業期間が長い。ポストを簡単にゲットできない。給料は安い。研究費は自分でたたき出さなければならない。休日にこそ本格仕事時間が待っている。これが大学教授です。

でもこんなこと大したことじゃない。なにせ、自分の思うがままの生き方ができるからだ。死ぬまでだ。もしかしたら、魂のふるえを感じることができるかもしれない。そんな大学教授をすばらしいと思いませんか。

思うがままの生き方を望み、そのための本分をまっとうしたい人が、大学教授をめざしてくれますように。

本書は、月刊『ダイヤモンド　エグゼクティブ』
1998年10月号～2001年6月号に掲載された連載
「新　大学教授になる方法」（スペシャル企画も含む）
をもとに再構成し、加筆訂正しました。
原則として肩書きその他は、掲載当時のものです。

著者紹介

鷲田小彌太（わしだ こやた）

1942年札幌生まれ。大阪大学文学部哲学科卒業、同大学院博士課程終了。三重短期大学教授を経て、札幌大学教授。哲学・思想の専門分野だけではなく、評論・エッセイなど多岐にわたって精力的に執筆活動をしている。

著書は、『大学教授になる方法（正編・実践編）』（青弓社、PHP文庫）、『自分のやりたいことを見つける技術』『自分を高める表現の技術』（ダイヤモンド社）、『昭和思想史』（三一書房）、『自分で考える技術』『「自分の考え」整理法』『入門・論文の書き方』（PHP研究所）、『哲学がわかる事典』『思考の技術・発想のヒント』（日本実業出版社）、『研究的生活の方法』（東洋経済新報社）など110冊以上。

ホームページ　http://ilk.co.jp/washida/

新　大学教授になる方法

2001年11月29日　初版発行
2002年2月25日　3版発行

著者／鷲田小彌太
装幀／石澤義裕
本文デザイン／タイプフェイス
カバー・本文イラスト／タケイ・E・サカエ
製作・進行／ダイヤモンド・グラフィック社
印刷・製本／ベクトル印刷

発行所／ダイヤモンド社
〒150-8409　東京都渋谷区神宮前6-12-17
http://www.diamond.co.jp/
電話／03･5778･7233（編集）　0120･700･168（受注センター）

ISBN 4-478-78292-X

自分のやりたいことを見つける技術

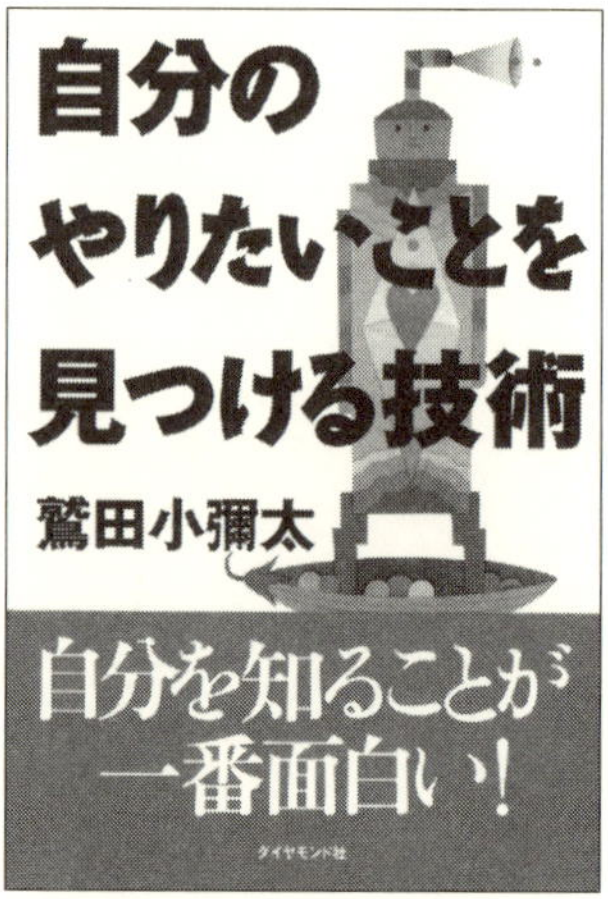

鷲田小彌太［著］

定価（1400円＋税）

やりたいことは、すべて今までの自分のなかにある

- 「過去」とは手解りがあり、既視感がある「人生」のことである
- 「夢」につなげて仕事をしようという人は、予習を主体にするのがいい
- 自分で人生のシナリオを書くと、実現するという不思議
- 自分の力量を少しだけ高く見積もるような設計書を書きたい
- 若いときは思いっきり観念を肥大化させてみよう